À plus!

2

Méthode intensive

Grammatikheft

Cornelsen

À plus! 2 Méthode intensive
Grammatikheft für den Französischunterricht (3. Fremdsprache) an Gymnasien

Im Auftrag des Verlages erarbeitet von
Gertraud Gregor

und der Redaktion Romanische Sprachen
Corinna Martin-Werner

Illustration: Laurent Lalo

Layoutkonzept: Regelindis Westphal

Layout und technische Umsetzung: Satzinform, Berlin

Umschlaggestaltung: Klein & Halm Grafikdesign, Berlin

Umschlagfoto: mauritius images: © Scott

www.cornelsen.de

1. Auflage, 4. Druck 2012

Alle Drucke dieser Auflage sind inhaltlich unverändert und
können im Unterricht nebeneinander verwendet werden.

Druck: Stürtz GmbH, Würzburg

ISBN 978-3-06-020342-0

Inhalt gedruckt auf säurefreiem Papier aus nachhaltiger Forstwirtschaft.

Wegweiser durch dein Grammatikheft

Das Grammatikheft zu ***À plus!* 2 Méthode intensive** beginnt mit dem Kapitel „Was du schon weißt", in dem die Grammatik von ***À plus!* 1 Méthode intensive** zusammengefasst ist. Es enthält außerdem den gesamten Grammatikstoff des zweiten Bandes, gegliedert nach den sechs Unités des Schülerbuches.
Innerhalb einer Unité ist der Grammatikstoff nach grammatischen Kategorien gegliedert. Dabei gilt folgende Reihenfolge: Nomen, Pronomen, Adjektiv, Adverb, Verb, der Satz. Es gibt auch Grammatikerklärungen, die keinem dieser Oberpunkte zugeordnet werden können.
In der breiten linken Spalte jeder Seite findest du französische Beispielsätze, rechts auf dem gelben Streifen die dazugehörige Erklärung. In diesen Erklärungen werden, wo es sinnvoll ist, Vergleiche mit anderen Sprachen (Deutsch, Englisch, Latein) angestellt. Paul und seine Freunde geben dir immer wieder nützliche Lernhinweise.

In den orangefarbenen Kästen findest du kurzgefasste Regeln oder Merksprüche. Die lernst du am besten auswendig.

> Bildung des *imparfait*:
> Stamm der 1. Person Plural Präsens + *imparfait*-Endung

Wenn du mit den Repères aus dem Schülerbuch Grammatik wiederholen möchtest, kannst du im Grammatikheft überprüfen, ob du die Aufgaben richtig gelöst hast. Die Lösungen sind schnell zu finden: Sie stehen auf dem rechten Streifen und sind durch ein dunkleres Gelb sowie das kleine Buch gekennzeichnet.

📖 → S. 83/2: Französische Adverbien werden genauso gesteigert wie französische Adjektive.

In den hellgrünen Kästen erhältst du Hinweise auf Besonderheiten der Aussprache, die für die jeweilige Grammatikerscheinung wichtig sind. Im Anhang findest du außerdem ein Kapitel „Aussprache" (S. 58–59), wo grundsätzliche Hinweise zur Aussprache des Französischen gegeben werden.

> Il travaille plus que [plyskə] ses copains.

Der Anhang enthält außerdem eine Übersicht der Verbkonjugationen (S. 59–64), weitere Übersichten zu den Verben (Verbergänzungen, Verbendungen, Bildung der verschiedenen Verbformen) sowie eine Liste der grammatischen Begriffe (S. 68–71), die in ***À plus!* 1** und **2 Méthode intensive** verwendet werden. Wenn du also gezielt einen bestimmten Begriff suchst, dann schlage hier nach.

Inversionsfrage
(une interrogation par inversion), Frage, in der das Subjekt nach dem Verb steht: ***Parlez-vous** français?*; *Que **fais-tu**?* (20, S. 45–46)

Inhaltsverzeichnis

Was du schon weißt

UNITÉ 1 *À Marseille*

UNITÉ 2 *Où est passé Antonin?*

UNITÉ 3 *Les fêtes de fin d'année*

UNITÉ 4 *Voyage au Québec*

UNITÉ 5 *En Provence*

UNITÉ 6 *Tous les chemins mènent à Paris*

Annexe

Was du schon weißt

1 Das Nomen und sein Begleiter
Le nom et son déterminant

1.1 Der bestimmte Artikel und das Nomen im Singular und Plural
L'article défini et le nom au singulier et au pluriel

	masculin	féminin
singulier	le chat l'hôtel de ville	la rue l'école
pluriel	les chats les‿hôtels de ville	les rues les‿écoles

Le steht vor maskulinen Nomen, *la* vor femininen Nomen und *l'* vor maskulinen und femininen Nomen, die mit einem Vokal oder einem stummen *h*- beginnen. Im Plural gibt es nur einen bestimmten Artikel für maskuline und feminine Nomen: *les*. Den Plural der meisten Nomen bildest du, indem du an das Nomen ein *-s* anhängst.

le bateau – les bateau**x**
le cadeau – les cadeau**x**
le jeu – les jeu**x**

⚠ Es gibt auch französische Nomen, deren Plural auf *-x* endet.

l'anim**al** – les anim**aux**
le boc**al** – les boc**aux**

Nomen, die im Singular auf *-al* enden, enden im Plural meist auf *-aux*.

1.2 Der bestimmte Artikel vor Wochentagen
L'article défini devant les jours de la semaine

am Donnerstag / donnerstags

am Dienstag / dienstags

le samedi = samstags
samedi = am Samstag

Wenn du einen einzigen, bestimmten Tag meinst, verwendest du den Wochentag **ohne** Artikel.
Wenn du nicht einen einzelnen Tag, sondern viele, wiederkehrende Tage meinst (etwas geschieht immer an diesem Tag, jede Woche an diesem Tag), verwendest du den Wochentag **mit** dem bestimmten Artikel.

1.3 Der zusammengezogene Artikel
L'article contracté

Lila va **au** foot.	le foot
David va souvent **à la** piscine.	la piscine
Ils sont **à l'**école.	l'école
Les filles sont **aux** Galeries Lafayette.	les Galeries
C'est la solution **du** problème de maths.	le problème
On parle **de la** poésie de Victor Hugo.	la poésie
C'est le chien **de l'**appartement d'en face.	l'appartement
En S.V.T., on parle **des** volcans.	les volcans

à + le = au	**de + le = du**
à + la = à la	**de + la = de la**
à + l' = à l'	**de + l' = de l'**
à + les = aux	**de + les = des**

Die bestimmten Artikel *le* und *les* werden mit den Präpositionen *à* und *de* zusammengezogen.
Die bestimmten Artikel *la* und *l'* werden nicht mit den Präpositionen zusammengezogen.
Au und *aux* werden gleich ausgesprochen: [o].

1.4 Der unbestimmte Artikel
L'article indéfini

	masculin	féminin
singulier	un chat un‿hôtel de ville	une rue une école
pluriel	des chats des‿hôtels de ville	des rues des‿écoles

Der unbestimmte Artikel *un* steht vor maskulinen Nomen, der unbestimmte Artikel *une* steht vor femininen Nomen. Im Unterschied zum Deutschen gibt es im Französischen auch einen unbestimmten Artikel im Plural: *des*. *Des* steht vor maskulinen und femininen Nomen im Plural.

1.5 Der Demonstrativbegleiter
Le déterminant démonstratif

maskulin		feminin	
vor Konsonant	vor Vokal	vor Konsonant und vor Vokal	
ce garçon **ces** garçons	cet‿ordinateur **ces**‿ordinateurs	cette fille **ces** filles	cette idée **ces**‿idées

cet‿exercice aber: **ce** petit‿exercice

Den Demonstrativbegleiter gleichst du dem Nomen, vor dem er steht, in Genus und Numerus an. Im Plural gibt es nur eine Form für maskuline und feminine Nomen: *ces*. Bei der Aussprache machst du zwischen *cet* und *cette* keinen Unterschied.

Cet verwendest du nur, wenn es direkt vor einem maskulinen Nomen steht, das mit einem Vokal oder stummem *h*- beginnt.

1.6 Der Fragebegleiter quel
Le déterminant interrogatif *quel*

masculin		féminin	
singulier	pluriel	singulier	pluriel
Quel sport? Quel ami?	Quels garçons? Quels‿animaux?	Quelle fille? Quelle école?	Quelles copines? Quelles‿adresses?

Der Fragebegleiter *quel* wird dem Nomen angeglichen, vor dem er steht. Alle vier Formen *(quel? quels? quelle? quelles?)* werden vor Konsonanten gleich ausgesprochen: [kɛl]. Vor Vokal und stummem *h- (Quels‿amis? Quelles‿histoires?)* wird das *-s* von *quels* und *quelles* als [z] gebunden.

⚠ Nicht immer wird *quel* mit *welcher?/welche?* ins Deutsche übersetzt.

Il est **quelle** heure?	Wie viel Uhr ist es? / Wie spät ist es?
À **quelle** heure est-ce que tu rentres?	Um wie viel Uhr ...? / Wann ...?
Jusqu'à **quelle** heure est-ce que tu as cours?	Bis wann ...?
Tu as **quel** âge?	Wie alt bist du?
Quel stress!	Was für ein Stress!

1.7 Der Possessivbegleiter
Le déterminant possessif

vor Nomen im Singular			vor Nomen im Plural
maskulin	feminin		maskulin und feminin
	mit Vokal	mit Konsonant	
mon frère **ton** copain **son** cahier	**mon**‿école **ton**‿adresse **son**‿adresse	**ma** mère **ta** chambre **sa** sœur	**mes** frères/sœurs **tes** copains/copines **ses** grands-parents/copines
notre frère/sœur **votre** chat/chambre **leur** ami/amie			**nos** copains/copines **vos** cahiers/valises **leurs** rollers/affaires

Französische Possessivbegleiter richten sich in Genus und Numerus nach dem Nomen, vor dem sie stehen.
⚠ Die Possessivbegleiter *mon, ton, son* werden vor allen maskulinen Nomen und vor femininen Nomen, die mit einem Vokal oder stummem *h-* beginnen, verwendet.

votre chat – eure/Ihre Katze
votre chien – euer/Ihr Hund

leur chien – mehrere „Besitzer" mit einem Hund
leurs chiens – mehrere „Besitzer" mit mehreren Hunden

1.8 Der Teilungsartikel und die Mengenangaben mit de
L'article partitif et les quantifiants avec *de*

Teilungsartikel	Mengenangabe
Il faut **du** beurre?	Oui, il faut un paquet **de** beurre.
Tu achètes **de la** farine?	Oui, j'achète un kilo **de** farine.
Tu veux **de l'**eau?	Oui, je prends un peu **d'**eau.

Nach Mengenangaben verwendest du *de* und dann das Nomen ohne Artikel. Im Deutschen dagegen steht das Nomen direkt nach der Mengenangabe *(ein Kilo Mehl, eine Tasse Kaffee)*. Wenn du keine Angabe zur Menge machst, musst du im Französischen den Teilungsartikel verwenden. Der Teilungsartikel hat die gleiche Form wie der zusammengezogene Artikel mit *de*. Im Deutschen gibt es keinen Teilungsartikel.

Mengenangaben		Teilungsartikel
Nomen	Adverbien	
une bouteille de	**peu de**	**du**
un pot de	**assez de**	**de la**
un kilo de	**beaucoup de**	**de l'**
un litre de	**trop de**	
un bocal de	**ne ... pas de**	
un paquet de	**ne ... plus de**	

Elle fait **de la** natation. / **du** tennis. / **de l'**escalade.

Nicht nur mit konkreten Dingen wie Brot und Mehl, sondern auch in Ausdrücken mit *faire* verwendest du den Teilungsartikel.

2 Das Pronomen
Le pronom

2.1 Personalpronomen, Objektpronomen und Reflexivpronomen
Le pronom personnel, le pronom d'objet et le pronom réfléchi

	Personalpronomen	direkte Objektpronomen	indirekte Objektpronomen	Reflexivpronomen
1. Pers. Sg.	je	me/m'	me/m'	me/m'
2. Pers. Sg.	tu	te/t'	te/t'	te/t'
3. Pers. Sg.	il/elle/on	**le/l' / la/l'**	**lui/lui**	se/se/se
1. Pers. Pl.	nous	nous	nous	nous
2. Pers. Pl.	vous	vous	vous	vous
3. Pers. Pl.	ils/elles	**les/les**	**leur/leur**	se/se

Du kennst schon die Personalpronomen, die direkten und die indirekten Objektpronomen sowie die Reflexivpronomen. Die Formen der 1. und 2. Person Plural dieser Pronomen sind immer gleich.
Die direkten und indirekten Objektpronomen unterscheiden sich nur in der 3. Person Singular und Plural.

– Tu connais ce CD? – Oui, je **le** connais.

– Tu as demandé à ton prof? – Oui, je **lui** ai demandé.

Die **direkten Objektpronomen** ersetzen direkte Objekte (→ S. 20/6.2).

Diese **indirekten Objektpronomen** ersetzen indirekte Objekte (→ S. 20/6.2), die eine Person bezeichnen und mit der Präposition *à* angeschlossen werden. (Stellung der Objektpronomen im Satz S. 20/6.3)

2.2 Das Relativpronomen
Le pronom relatif

qui

M. Giraud est le prof **qui** écrit comme un chat.	..., der ...
Mme Pasquier est la prof **qui** ne fait pas de cadeaux.	..., die ...
Il y a des élèves **qui** ne font pas leurs exercices.	..., die ...
On dessine des choses **qui** sont un peu nulles.	..., die ...

Das Relativpronomen *qui* leitet einen Relativsatz ein. *Qui* ist unveränderlich. Es bezieht sich auf maskuline und feminine Nomen im Singular und im Plural. *Qui* ist das Subjekt des Relativsatzes. Auf *qui* folgt immer ein Verb.

que

C'est un film **qu'**on regarde à Serre Chevalier.	..., den ...
C'est une chanson **que** Lila chante souvent.	..., das ...
On a des devoirs **qu'**il faut faire lundi soir.	..., die ...
Les chansons **que** Lila chante sont cool.	..., die ...

Auch das Relativpronomen *que* leitet einen Relativsatz ein. Auch *que* ist unveränderlich und steht für maskuline und feminine Nomen im Singular und im Plural. *Que* ist das Objekt eines Relativsatzes. Auf *que* folgt das Subjekt des Relativsatzes.

où

Le quartier **où** elles habitent s'appelle Montmartre.
La tour **où** Jérémie habite est à la Défense.
C'est une matière **où** on travaille beaucoup.

Auch das Relativpronomen *où* leitet einen Relativsatz ein. *Où* steht anstelle einer Ortsangabe. Auf *où* folgt das Subjekt des Relativsatzes.

ce qui / ce que

Son père ne comprend pas **ce qui** est beau.	..., **was** schön ist.
Elle ne sait plus **ce qui** est juste.	..., **was** richtig ist.
Elle aime **ce que** je déteste.	..., **was** ich hasse.
Je ne comprends pas **ce qu'**il veut dire.	..., **was** er sagen will.

Qu'est-ce qu'elle veut?	**Was** will sie?	Fragewort
Elle ne me dit pas **ce qu'**elle veut.	Sie sagt mir nicht, **was** sie will.	Relativpronomen

Die Relativpronomen *ce qui* und *ce que* beziehen sich auf Sachverhalte. Beide werden mit *was* übersetzt. *Ce qui* ist immer das Subjekt des Relativsatzes. Auf *ce qui* folgt ein Verb.
Ce que ist das direkte Objekt des Relativsatzes. Auf *ce que* folgt das Subjekt des Relativsatzes.

⚠ Verwechsle nicht: *qu'est-ce que* und *ce que*.

2.3 Das Pronomen en
Le pronom *en*

Das Pronomen *en* vertritt Ergänzungen, die mit *de (du, de la, de l', des, beaucoup de ...)* oder dem unbestimmten Artikel *un/une* eingeleitet werden. *En* ist unveränderlich und steht immer vor dem Verb. Es verweist auf bereits erwähnte Nomen. *En* steht häufig auch in Verbindung mit Zahlwörtern oder Mengenangaben. Im Unterschied zum Deutschen können französische Zahlwörter und Mengenangaben in Objektfunktion nicht alleine stehen. *En* wird meist nicht ins Deutsche übersetzt.

Tu as <u>un chien</u>?	J'**en** ai deux. Ich habe zwei (davon).
Tu as <u>des CD</u> français?	J'**en** ai beaucoup. Ich habe viele (davon).
On a encore <u>du lait</u>?	Oui, on **en** a encore trois bouteilles. Wir haben noch drei Flaschen (davon).
On a encore <u>des oranges</u>?	Non, on n'**en** a plus. Wir haben keine mehr (davon).

2.4 Die Stellung mehrerer Pronomen im Satz
La place de plusieurs pronoms dans la phrase

Im Französischen stehen die Objektpronomen und das Pronomen *en* immer **vor** dem konjugierten Verb. Die Reihenfolge, in der die Pronomen vor dem Verb stehen, ist nicht immer wie im Deutschen.

1. Die indirekten Pronomen *me, te, nous, vous* stehen **vor** den direkten Pronomen *le, la, les* – das ist anders als im Deutschen.

Regarde cette bédé.	Tu	**me**	**l'**	achètes?
	Non, je ne	**te**	**l'**	achète pas.
On peut écouter le CD de Jérémie?	Non, il ne	**nous**	**le**	donne pas.

2. Die indirekten Pronomen *lui* und *leur* stehen aber **hinter** den direkten Pronomen *le, la, les* – das ist wie im Deutschen.

Cette glace est pour ta sœur?	Tu	**la**	**lui**	donnes, s'il te plaît.
Ce sont les cadeaux pour Lila et Yasmina.	On va	**les**	**leur**	donner demain.

3. Das Pronomen *en* steht immer hinter dem Objektpronomen.

Vous voulez des glaces?	On va	**vous**	**en**	acheter.

indirektes Objektpronomen	direktes Objektpronomen
me	**le**
te	**la**
nous	**les**
vous	

direktes Objektpronomen	indirektes Objektpronomen
le	**lui**
la	**leur**
les	

3 Das Adjektiv
L'adjectif

3.1 Die Formen des Adjektivs
Les formes de l'adjectif

	masculin		féminin	
	singulier	pluriel	singulier	pluriel
1.	grand [gʀɑ̃] différent	grand**s** [gʀɑ̃] différent**s**	grand**e** [gʀɑ̃d] différent**e**	grand**es** [gʀɑ̃d] différent**es**
2.	brun [bʀɛ̃]	brun**s** [bʀɛ̃]	brun**e** [bʀyn]	brun**es** [bʀyn]
3.	drôle serviable	drôle**s** serviable**s**	drôle serviable	drôle**s** serviable**s**
4.	super sympa	super sympa	super sympa	super sympa
5.	normal	norm**aux**	normale	normales
6.	curieux	curieux	curi**euse**	curi**euses**
7.	bon [bɔ̃]	bon**s** [bɔ̃]	bo**nne** [bɔn]	bo**nnes** [bɔn]
8.	beau/bel nouveau/ nouvel	beau**x** nouveau**x**	belle nouv**elle**	belles nouv**elles**

Französische Adjektive werden immer dem Nomen in Genus und Numerus angeglichen, auf das sie sich beziehen. Es gibt unterschiedliche Gruppen von Adjektiven:
1. Adjektive, die zur Bildung der femininen Form an die maskuline Form ein *-e* anhängen. Der Endkonsonant (hier *d* oder *t*) wird nur in der femininen Form ausgesprochen;
2. Adjektive, die zur Bildung der femininen Form ein *-e* anhängen und die Aussprache des Vokals verändern;
3. Adjektive, die auf *-e* enden und die im Singular und im Plural jeweils nur eine Form haben;
4. Adjektive, die unveränderlich sind;
5. Adjektive auf *-al*, deren maskuline Pluralform auf *-aux* endet;
6. Adjektive auf *-eux*, deren maskuline Formen im Singular und Plural gleich sind und deren feminine Form auf *-euse* endet;
7. Adjektive, die zur Bildung der femininen Form den Endkonsonanten verdoppeln und ein *-e* anhängen;
8. die Adjektive *beau* und *nouveau*, die zwei maskuline Formen im Singular haben. *Bel* und *nouvel* stehen nur vor maskulinen Nomen, die mit einem Vokal oder einem stummen *h-* beginnen.

3.2 Die Stellung des Adjektivs
La place de l'adjectif

Elle aime les tee-shirts **bleus/verts/jaunes/noirs/...**
Il lit des livres **français/allemands/anglais/...**
C'est un livre **compliqué/facile/intéressant/...**
Ce sont des vêtements **moches/chers/super/...**

Im Deutschen stehen Adjektive immer vor dem Nomen. Im Französischen dagegen stehen die meisten Adjektive **hinter** dem Nomen, zu dem sie gehören. ▶

Miriam a une	**grande**	sœur
et un	**petit**	frère.
Nadia a une	**belle**	chambre
avec une	**nouvelle**	armoire.
Ils ont une	**jolie**	maison.
Henri est un	**bon**	élève.
Ils ont un	**jeune**	prof.
C'est une	**mauvaise**	idée.
Tu as une	**autre**	idée?

Nur diese häufig gebrauchten Adjektive stehen vor dem Nomen. Du musst diese Adjektive auswendig lernen.

Vor dem Nomen stehen
grand, petit, bon, mauvais, beau, autre, jeune, joli, nouveau.

Yasmina a **de** bonnes idées.
Yasmina a **des** bonnes idées.

⚠ Der unbestimmte Artikel *des* kann vor einem Adjektiv zu *de* werden. Im gesprochenen Französisch wird meistens *des* + Adjektiv + Nomen verwendet.

4 Das Verb
Le verbe

4.1 Die Verbarten
Les types de verbes

parler	Je	**parle.**
sortir	Il	**sort.**
avoir	Elle	**a** un chien.
être	Je	**suis** à Paris.
aller	Ils	**vont** au cinéma.

avoir	J'	**ai** parlé.
être	Elle	**est** partie.
aller	Il	**va** partir.

se disputer
s'appeler
se lever
s'allumer

je	me	lève
tu	te	lèves
il/elle/on	se	lève
nous	nous	levons
vous	vous	levez
ils/elles	se	lèvent

In ***À plus!* 1 Méthode intensive** hast du Vollverben und Hilfsverben kennen gelernt. **Vollverben** drücken eine Handlung oder einen Zustand aus.
Être, avoir und *aller* sind Voll- und Hilfsverben.

Im Französischen gibt es drei **Hilfsverben**. Mit den Hilfsverben bildest du die zusammengesetzten Zeiten *(passé composé* und *futur composé)*.

Reflexive Verben werden immer gemeinsam mit einem Reflexivpronomen verwendet. Die Reflexivpronomen stehen im Aussage- und Fragesatz immer vor dem Verb (→ S. 11).

4.2 Die Formen des Verbs
Les formes du verbe

Nichtkonjugierte Verbformen

regarder
attendre
sortir
avoir
être

Der **Infinitiv** ist die Grundform des Verbs. Im Wörterbuch steht ein Verb im Infinitiv. An der Endung des Infinitivs kannst du häufig erkennen, zu welcher Konjugationsgruppe ein Verb gehört, z. B. zu den Verben auf *-er* oder *-dre*.

Ils ont **mangé**.
J'ai **attendu**.
Elle est **partie**.

Das **Partizip Perfekt** *(le participe passé)* verwendest du zur Bildung des *passé composé*. Es besteht aus einem Stamm und einer Endung.

Konjugierte Verbformen

	Stamm	Endung
tu	regard	-es
ils	regard	-ent

Jedes Verb kommt in unterschiedlichen Formen vor: Es wird konjugiert. Die konjugierten Verbformen bestehen aus Stamm und Endung. Die Endung zeigt die Person und das Tempus an.

je regard **-e**
tu regard **-es**
il/elle/on regard **-e**
ils/elles regard **-ent**

nous regard **-ons**
vous regard **-ez**

Es gibt stammbetonte und endungsbetonte Verbformen. Die Endungen der 1., 2., 3. Person Singular und der 3. Person Plural Präsens werden nicht ausgesprochen. Diese Verbformen sind **stammbetont**.

Die Endungen der 1. und 2. Person Plural Präsens werden ausgesprochen. Diese beiden Verbformen sind **endungsbetont**.

4.3 Die Konjugation der Verben
La conjugaison des verbes

Verben auf -er, Verben auf -ir (Typ offrir)	Verben auf -re/-dre, Verben auf -ir (Typ partir)	pouvoir/vouloir
-e	-s	-x
-es	-s	-x
-e	-t/-d	-t
	-ons	
	-ez	
	-ent	

Du kennst bereits alle Verbendungen des Präsens Indikativ, die es im Französischen gibt.

être – vous **êtes**
faire – vous **faites**
dire – vous **dites**

Die 2. Person Plural Präsens französischer Verben endet immer auf *-ez*. Nur diese drei Verben bilden eine Ausnahme zu dieser Regel.

⚠ Die Konjugation aller regelmäßigen und unregelmäßigen Verben findest du im Anhang deines Schülerbuchs **À *plus!* 2 Méthode intensive**, S. 153–157.

4.4 Das passé composé
Le passé composé

	mit avoir			mit être	
j'	ai	trouvé	je	suis	sorti/sortie
tu	as	trouvé	tu	es	sorti/sortie
il	a	trouvé	il	est	sorti
elle	a	trouvé	elle	est	sortie
on	a	trouvé	on	est	sortis/sorties
nous	avons	trouvé	nous	sommes	sortis/sorties
vous	avez	trouvé	vous	êtes	sorti/sortie/sortis/sorties
ils	ont	trouvé	ils	sont	sortis
elles	ont	trouvé	elles	sont	sorties

Das *passé composé* wird genauso wie das Perfekt im Deutschen gebildet: mit der Präsensform eines Hilfsverbs *(verbe auxiliaire)* und dem Partizip Perfekt *(participe passé)* eines Verbs. Die zwei Hilfsverben für das *passé composé* sind *avoir* und *être*. Die meisten französischen Verben bilden das *passé composé* mit dem Hilfsverb *avoir*.

Il est **descendu** trop vite. Ils sont **rentrés** vers six heures.
Elle est **tombée** trois fois. Elles sont déjà **parties**.

Wenn ein Verb im *passé composé* das Hilfsverb *être* hat, musst du sein Partizip Perfekt wie ein Adjektiv dem Subjekt angleichen.

Nur einige Verben haben im *passé composé* das Hilfsverb *être*, von denen du zwölf schon kennst: *arriver, aller, descendre, entrer, monter, partir, passer, rentrer, rester, sortir, tomber, venir.*

Das Hilfsverb **être** nehmen wir
bei **sortir, partir, venir.**
Außerdem **rester, rentrer**
und **aller, passer, entrer.**
Fehlen noch **tomber, monter**
sowie **descendre, arriver.**

Ils **ont** été à Paris. Sie **sind** in Paris gewesen.

⚠ Das *passé composé* von *être* bildest du mit dem Hilfsverb *avoir*.

4.5 Das futur composé
Le futur composé

Je		**vais**		**regarder**	la télé ce soir.
Tu		**vas**	la	**regarder**	aussi?
Elle	ne	**va**	pas	**écrire**	cette lettre.
Qu'est-ce qu'on		**va**		**faire**	demain?
En été, nous		**allons**		**passer**	quinze jours à Brest.
Vous		**allez**		**visiter**	Vannes?
Ils		**vont**		**aller**	en Bretagne.

Bildung des *futur composé:*
Präsensform von **aller** + Infinitiv

Das *futur composé* bildest du mit einer Präsensform des Verbs *aller* und dem Infinitiv eines Verbs. Die Verneinungswörter *(ne ... pas/plus)* schließen nur die konjugierte Form von *aller* ein. Der Infinitiv steht hinter *pas/plus*. Die Objektpronomen stehen vor dem Infinitiv.

4.6 Die Verben aimer, préférer, adorer und détester mit Infinitiv
Les verbes *aimer, préférer, adorer* et *détester* avec l'infinitif

Yasmina **adore** prendre des photos.
... Fotos zu machen.

Lila **aime** bien se balader avec Yasmina.
... spazieren zu gehen.

David **préfère** aller à la piscine.
... ins Schwimmbad zu gehen.

An die Verben *aimer, préférer, adorer* und *détester* wird ein Infinitiv direkt, d. h. ohne Präposition angeschlossen. Im Deutschen wird an die Verben *lieben, mögen, vorziehen* und *hassen* ein Infinitiv mit *zu* angeschlossen.

4.7 Il faut mit Infinitiv
Il faut avec l'infinitif

Il faut parler à Monsieur Laval.
Wir müssen mit Monsieur Laval sprechen.

Après mon cours de guitare, **il faut** encore faire les devoirs.
Nach der Gitarrenstunde **muss ich** noch Hausaufgaben machen.

Il faut ist ein unpersönlicher Ausdruck, nach dem ein Verb im Infinitiv steht. *Il faut* wird mit *man muss, wir müssen* und auch mit *ich muss* übersetzt – je nach Kontext.

4.8 Die Präposition pour mit Infinitiv
La préposition *pour* avec l'infinitif

Yasmina va à Montmartre **pour prendre** des photos.
, ... **um** Fotos **zu machen**.

Mit *pour* + Infinitiv kannst du einen Zweck angeben. Im französischen Satz steht *pour* + Infinitiv vor der Ergänzung. Das ist im Deutschen anders.

5 Die Präpositionen
Les prépositions

In ***À plus!* 1 Méthode intensive** hast du folgende Präpositionen kennen gelernt:

5.1 Präpositionen zur Angabe des Ortes
Les prépositions de lieu

aller	**à**	Lyon	nach Lyon
	à	la gare	zum Bahnhof
	à	la maison	nach Hause
	à	l'école	in die Schule
	à	droite/gauche	nach rechts/links
	au	cinéma	ins Kino
	chez	Lila	zu Lila
	vers	la gare	in Richtung Bahnhof
être	**à**	Paris	in Paris
	à	la gare	am Bahnhof
	à	la maison	zu Hause
	au	lit	im Bett
	chez	Lila	bei Lila
	dans	la chambre	im Zimmer
	de	Genève	aus Genf
	devant	la tour	vor dem Hochhaus
	derrière	la maison	hinter dem Haus
	en	quatrième	in der 8. Klasse
	en	Allemagne	in Deutschland
	en face de	la maison	gegenüber dem Haus
	entre	Paris et Lyon	zwischen Paris und Lyon
	près de	Paris	in der Nähe von Paris
	sous	l'armoire	unter dem Schrank
	sur	le balcon	auf dem Balkon

5.2 Präpositionen zur Angabe der Zeit
Les prépositions de temps

à	deux heures	um zwei Uhr
à	demain	bis morgen
après	le dîner	nach dem Abendessen
avant	le cours de guitare	vor der Gitarrenstunde
dans	deux semaines	in zwei Wochen (ab heute)
de	10 heures …	von 10 Uhr …
… à	13 heures	… bis 13 Uhr
en	ce moment	im Augenblick/Moment
en	2008	2008
en	une minute	in/innerhalb einer Minute
il y a	dix minutes	vor 10 Minuten
jusqu'à	cinq heures	bis 5 Uhr
pendant	les cours	während des Unterrichts

5.3 Andere Präpositionen
Autres prépositions

à	pied	zu Fuß
avec	Yasmina	mit Yasmina
de	David	von David
en	géographie	in Erdkunde
pour	Camille	für Camille
sans	Jonathan	ohne Jonathan

6 Der Satz
La phrase

Elle s'appelle Yasmina.	Aussagesatz
Elle est dans la classe de Jérémie?	Fragesatz
Cherche dans ta chambre, Jérémie.	Aufforderungssatz

Du kennst drei Arten von Sätzen.

6.1 Der Nebensatz
La proposition subordonnée

		Subjekt	Verb	Ergänzung
Elle ne va pas au foot	parce qu'	elle	préfère	le handball.

		Subjekt	Ergänzung	Verb
…,	weil	sie	Handball	lieber mag.

Im französischen Nebensatz steht das Verb vor der Ergänzung. Das heißt, ein französischer Nebensatz hat die gleiche Wortstellung wie ein französischer Hauptsatz: Subjekt + Verb + Ergänzung. Im Deutschen ist das anders.

6.2 Die Bestandteile des Satzes
Les parties de la phrase

Subjekt	Verb	Ergänzung	
Lila	arrive.		
Yasmina	prend	**des photos.**	direktes Objekt
Lou	parle	**à son père.**	indirektes Objekt
Jérémie	parle	**du Luxembourg.**	indirektes Objekt
David	est	**à la piscine.**	Ortsangabe
Il	rentre	**à sept heures.**	Zeitangabe

Sätze haben in der Regel ein Subjekt und ein Verb. Sätze können auch Ergänzungen haben. Es gibt verschiedene Arten von Ergänzungen: Ein direktes Objekt wird direkt, das heißt ohne Präposition an das Verb angeschlossen; ein indirektes Objekt wird mit einer Präposition *(à* oder *de)* an das Verb angeschlossen.

Subjekt		Verb	direktes Objekt
David		aime	**la** natation.
Yasmina	ne	déteste pas	**le** foot
mais elle		préfère	**le** handball.
Jérémie		adore	**les** livres.

⚠ An die Verben *aimer, adorer, préférer* und *détester* schließt du das direkte Objekt, wenn es ein Nomen ist, mit einem bestimmten Artikel an. Das ist anders als im Deutschen (s. auch S. 17/4.6).

6.3 Die Wortstellung im Satz
L'ordre des mots dans la phrase

Subjekt		Objekt-pronomen	Verb		Ergänzung
Lila			attend		Yasmina.
Lila			parle		à Yasmina.
Lila		lui	parle.		
Lila	n'		attend	pas	Yasmina.
Lila		l'	attend.		
Lila	ne	l'	attend	pas.	

Die Stellung der Satzglieder in einem französischen Satz ist festgelegt: Subjekt + Verb + Ergänzung. Ein Objektpronomen steht immer direkt vor dem Verb. Im Präsens umschließt die Verneinung das konjugierte Verb.

Subjekt		Objekt-pronomen	Hilfsverb		Partizip Perfekt	Ergänzung
Camille			a		lu	un roman.
Hugo		l'	a		lu.	
Lilli	ne	l'	a	pas	lu.	
Camille			a		écrit	à Jonathan.
Il	ne	lui	a	pas	répondu.	

Im *passé composé* umschließt die Verneinung nur das Hilfsverb. Ein Objektpronomen steht immer vor dem Hilfsverb.

Subjekt		konjugiertes Verb		Objektpronomen	Infinitiv	Ergänzung
Camille		veut			lire	ce roman.
Lilli		va		le	lire.	
Lisa	ne	veut	pas	le	lire.	
Camille		va			écrire	à Jonathan.
Jonathan	ne	veut	pas	lui	répondre.	
Camille	ne	veut	plus		écrire	à Jonathan.

Im *futur composé* und in Sätzen mit Modalverben + Infinitiv umschließt die Verneinung nur das konjugierte Verb. Ein Objektpronomen steht immer vor dem Infinitiv.

6.4 Der Fragesatz
La phrase interrogative

Fragen ohne Fragewort

Camille a un frère? — Intonationsfrage
Il est sympa?

Est-ce que Camille a un frère? — Frage mit est-ce que
Est-ce qu'il est sympa?

Fragen ohne Fragewörter kannst du bilden:
– indem du einen Aussagesatz mit steigender Intonation sprichst,
– indem du die Frage mit *est-ce que* einleitest.
In beiden Fällen haben die Satzglieder dieselbe Reihenfolge wie in einem Aussagesatz.

Fragen mit Fragewort

Pourquoi est-ce qu'ils se disputent?
Comment est-ce que vous rentrez?
Quand est-ce que tu te lèves?
Jusqu'à quelle heure est-ce que tu travailles?

Où est Jérémie?
Où sont mes rollers?

Fragen mit Fragewörtern bildest du ebenfalls mit *est-ce que*. Das Fragewort steht am Anfang der Frage.

⚠ Fragen mit *où est? / où sont?* stellst du ohne *est-ce que*.

Fragen mit qu'est-ce qui? und qu'est-ce que?

Qu'est-ce que tu lis?
Qu'est-ce qu' il fait?

Qu'est-ce qui l'intéresse?
Qu'est-ce qui est différent en France et en Allemagne?

Nach Sachen, die Objekt des Satzes sind, fragst du mit *qu'est-ce que?* Nach Sachen, die Subjekt des Satzes sind, fragst du mit *qu'est-ce qui? Qu'est-ce qui* ist das Subjekt des Fragesatzes, deshalb folgt auf *qu'est-ce qui* ein Verb. Auf *qu'est-ce que* folgt das Subjekt des Fragesatzes. Beide Fragewörter werden mit *was?* ins Deutsche übersetzt.

6.5 Die indirekte Rede
Le discours indirect

Die indirekte Rede
Le discours indirect

Jérémie: «Ma sœur parle trop.»	Jérémie **pense que** sa sœur parle trop.
Les copains: «On prend le bus.»	Les copains **disent qu'**ils prennent le bus.
Yasmina: «Jonathan n'est pas méchant.»	Yasmina **trouve que** Jonathan n'est pas méchant.

Die indirekte Rede leitest du mit einem Verb der Redeeinleitung und der Konjunktion *que (dass)* ein. Im Deutschen kannst du die Konjunktion auch weglassen. Im Französischen kann die Konjunktion *que* nicht weggelassen werden.

Die indirekte Frage
L'interrogation indirecte

Lou: «**Quand est-ce qu'** on va rentrer?»	Lou veut savoir **quand** ils vont rentrer.
Yasmina demande à Jérémie: «**Pourquoi est-ce que** tu as peur?»	Yasmina demande à Jérémie **pourquoi** il a peur.
Jérémie demande à Yasmina: «**Est-ce que** tu as eu ma carte postale?»	Jérémie demande à Yasmina **si** elle a eu sa carte postale.
Il demande à Lou: «**Qu'est-ce que** tu veux faire?»	Il demande à Lou **ce qu'** elle veut faire.
M. Laval: «**Qu'est-ce qui** intéresse les élèves?»	M. Laval veut savoir **ce qui** intéresse les élèves.

Die indirekte Frage beginnst du mit einem Verb der Redeeinleitung *(demander, vouloir, savoir)* und der Konjunktion *si* oder dem Fragewort der direkten Frage *(Pourquoi? Comment? ...)*
⚠ *Est-ce que* wird in der indirekten Frage nie verwendet.

Das *qu'est-ce que?* der direkten Frage ersetzt du in der indirekten Frage durch *ce que*. *Qu'est-ce qui?* ersetzt du durch *ce qui*.

7 Der Begleiter tout
Le déterminant *tout*

	masculin	féminin
singulier	tout le livre das ganze Buch	toute ma classe meine ganze Klasse
pluriel	tous ses copains alle seine Freunde	toutes les copines alle Freundinnen

Der Begleiter *tout* wird wie ein Adjektiv in Genus und Numerus an das Nomen angeglichen, vor dem er steht. Die Singularformen *tout, toute* übersetzt du mit *ganze/r/s* und die Pluralformen *tous, toutes* mit *alle*.

⚠ Das *-t* der maskulinen Singularform fällt im Maskulin Plural weg.

tout, tous [tu]
toute, toutes [tut]

Trotz der unterschiedlichen Schreibung werden beide maskulinen Formen gleich ausgesprochen. Auch beide femininen Formen werden gleich ausgesprochen.

tout le groupe
toute sa vie
tous mes copains
toutes ces chansons

Nach *tout* steht meistens ein weiterer Begleiter (z. B. der bestimmte Artikel, ein Possessivbegleiter, ein Demonstrativbegleiter).

toute la famille **die ganze** Familie

Beachte die unterschiedliche Reihenfolge der Begleiter bei der Verwendung von *tout* im Singular.

tous les jours – jeder/jeden Tag
tous les soirs – jeder/ jeden Abend
tous les samedis – jeder/jeden Samstag

⚠ Nicht immer wird *tous* mit *alle* ins Deutsche übersetzt.

→ S. 24/2a: *die ganze Zeit; meine ganze Klasse; alle Touristen; alle seine/ihre Freundinnen.* Die Singularformen *tout, toute* übersetzt du mit *ganze/r/s* und die Pluralformen *tous, toutes* mit *alle*.
→ S. 24/2b: 1. *toutes ses amies/copines* 2. *tout mon argent* 3. *tous les élèves* 4. *tous mes profs* 5. *toute la nuit* 6. *tous les instruments.*

8 Das Pronomen
Le pronom

8.1 Das unverbundene Personalpronomen
Le pronom personnel disjoint

Moi, j'aime tout à Marseille.
Yann, c'est **toi**?
Non, ce n'est pas lui.
C'est pour Claire? Oui, c'est pour elle.
Tu vas avec **nous** au cinéma?
Oui, je vais avec **vous**.
Tu rentres avec tes copains?
Non, je rentre sans eux.
Ce sont tes copines?
Non, ce ne sont pas elles.
Qui veut aller avec nous? **Moi**.

Du kennst schon die Personalpronomen *je, tu, il, elle, on, nous, vous, ils, elles,* die nicht alleine, sondern als Subjekt des Satzes vor einem Verb stehen. Deshalb werden sie auch die **verbundenen Personalpronomen** genannt. Es gibt im Französischen auch Personalpronomen, die alleine stehen, also nicht mit einem Verb verbunden werden. Sie heißen deshalb die **unverbundenen Personalpronomen**.

Die unverbundenen Personalpronomen verwendest du:
- nach *c'est ... / ce sont ...,*
- nach *ce n'est pas ... / ce ne sont pas ...,*
- nach Präpositionen,
- zur Verstärkung, vor den verbundenen Personalpronomen
- und allein stehend.

Nous, on amène nos invités sur l'île d'If.

Das unverbundene Personalpronomen zu *on* ist *nous*.

→ S. 24/3: 1. *avec moi* 2. *sans toi* 3. *chez lui* 4. *C'est elle.* 5. *de nous* 6. *à côté d'eux / à côté d'elles* 7. *pour eux / pour elles.*

8.2 Die Pronomen en und y
Les pronoms *en* et *y*

1. Tu viens de ton cours de yoga?
   Oui, j'**en** viens. — venir de
2. Quand est-ce qu'elle sort de la piscine?
   Elle **en** sort vers six heures. — sortir de
3. Quand est-ce que vous rentrez du cinéma?
   On **en** rentre vers minuit. — rentrer de
4. Elle parle beaucoup de son groupe?
   Elle **en** parle tout le temps. — parler de
5. Il t'a dit ce qu'il pense de notre idée?
   Non. Qu'est-ce qu'il **en** pense? — penser de
6. Il joue aussi de la guitare?
   Oui. Et il **en** joue très bien. — jouer de
7. Tu as besoin de ton atelier le dimanche?
   Oui, j'**en** ai besoin. — avoir besoin de

1. Tu as pensé au pain?
   Oui, j'**y** ai pensé. — penser à
2. Tu peux renoncer à ton appareil photo?
   Non! Je ne peux pas **y** renoncer. — renoncer à
3. Quand est-ce que tu vas à la piscine?
   J'**y** vais dans dix minutes. — aller à
4. Est-ce qu'elle est dans sa chambre?
   Non, elle n'**y** est pas. — être dans
5. Tu vas encore chez Hamadou?
   Non, je n'**y** vais plus. — aller chez

Du weißt schon, dass das Pronomen *en* Verbergänzungen vertritt, die mit *de* angeschlossen werden. Das können sehr unterschiedliche Ergänzungen sein (→ S. 12). In den vorliegenden Beispielen sind es Ortsangaben mit *de* (Beispiel 1–3) oder indirekte Objekte mit *de* (Beispiel 4–7). *En* ist unveränderlich. Im Präsens steht *en* immer vor dem Verb. In Sätzen mit dem *futur composé* oder einem Modalverb steht *en* vor dem Infinitiv.

Das Pronomen *y* vertritt indirekte Objekte mit *à*, die keine Personen bezeichnen (Beispiel 1 und 2), und Ortsangaben, die mit *à* oder anderen Präpositionen *(dans, chez, sur, sous* etc.*)* eingeleitet werden (Beispiel 3–5). Auch *y* ist unveränderlich und steht im Präsens immer vor dem Verb. In Sätzen mit dem *futur composé* oder einem Modalverb steht *y* vor dem Infinitiv.

📖 → S. 25/4a: *En* ersetzt Ergänzungen mit *de*. *Y* ersetzt indirekte Objekte mit *à* und Ortsangaben mit *à* und anderen Präpositionen.
📖 → S. 25/4b: *Y* und *en* stehen im Präsens vor dem Verb. Im *passé composé* stehen *y* und *en* vor dem Hilfsverb. In Sätzen mit dem *futur composé* oder einem Modalverb stehen *y* und *en* vor dem Infinitiv.

9 Das Verb
Le verbe

9.1 Das unregelmäßige Verb connaître
Le verbe irrégulier *connaître*

je	connais
tu	connais
il	connaît
nous	connaissons
vous	connaissez
ils	connaissent
impératif	Connais. Connaissons. Connaissez.
passé composé	il a connu

Connaître ist ein unregelmäßiges Verb auf *-re*, bei dem in allen Präsensformen das *-t-* des Stammes wegfällt und in den drei Pluralformen vor der Personalendung *-ss-* eingeschoben wird. Die 3. Person Singular hat ein *î (i accent circonflexe)*.

9.2 Das unregelmäßige Verb vivre
Le verbe irrégulier *vivre*

je	**vis**
tu	**vis**
il	**vit**
nous	vivons
vous	vivez
ils	vivent
impératif	Vis. Vivons. Vivez.
passé composé	il a **vécu**

Die drei Singularformen des Verbs *vivre* sind unregelmäßig: Es entfällt das *-v-* des Stammes. Die Pluralformen werden regelmäßig gebildet.

9.3 Das imparfait
L'imparfait

Die Bildung

	je	parl**ais**
	tu	parl**ais**
	il	parl**ait**
nous parl~~ons~~	nous	parl**ions**
	vous	parl**iez**
	ils	parl**aient**
	j'	all**ais**
	tu	all**ais**
	il	all**ait**
nous all~~ons~~	nous	all**ions**
	vous	all**iez**
	ils	all**aient**

Wie im Deutschen, im Englischen und auch im Lateinischen gibt es im Französischen mehrere Tempora der Vergangenheit. Du kennst bereits das *passé composé* (→ S. 16). In dieser *Unité* lernst du das *imparfait* kennen. Im Unterschied zum *passé composé*, das aus Hilfsverb und Partizip Perfekt gebildet wird, besteht das *imparfait* nur aus **einer** Verbform.

Bildung des *imparfait*:
Stamm der 1. Person Plural Präsens + *imparfait*-Endung

→ S. 25/6: Das *imparfait* wird aus dem Stamm der 1. Person Plural Präsens gebildet.

manger	nous mang**e**ons	→ je mang**e**ais
commencer	nous commen**ç**ons	→ je commen**ç**ais
connaître	nous connai**ss**ons	→ je connai**ss**ais
dire	nous di**s**ons	→ je di**s**ais
faire	nous fai**s**ons	→ je fai**s**ais
lire	nous li**s**ons	→ je li**s**ais
écrire	nous écri**v**ons	→ j'écri**v**ais
prendre	nous pre**n**ons	→ je pre**n**ais
voir	nous vo**y**ons	→ je vo**y**ais
boire	nous **buv**ons	→ je **buv**ais

⚠ Einige Verben haben in der 1. Person Plural Präsens eine Besonderheit, die du bei der Bildung des *imparfait* berücksichtigen musst.

	être		**avoir**
j'	**étais**	j'	avais
tu	**étais**	tu	avais
il	**était**	il	avait
nous	**étions**	nous	avions
vous	**étiez**	vous	aviez
ils	**étaient**	ils	avaient

⚠ Eine Ausnahme bildet das Verb *être*. Der Stamm des *imparfait* ist *ét-*. An diesen Stamm hängst du die *imparfait*-Endungen an.
Das Verb *avoir* – sonst häufig unregelmäßig – wird im *imparfait* ganz regelmäßig konjugiert.

Der Gebrauch

L'année dernière, Moussa **faisait** beaucoup de choses: il **distribuait** des prospectus, il **jouait** au foot. Il **allait** bien sûr aussi à l'école, **faisait** ses devoirs. Quand il **avait** des problèmes en anglais, son oncle l'**aidait**.

Mit dem *imparfait* schilderst du im Französischen Gewohnheiten oder Handlungen, die sich in der Vergangenheit häufig wiederholt haben.

L'année dernière, Moussa **était** moyen en anglais et bon en maths et en musique.
L'histoire des prospectus ... la mère de Moussa n'**était** pas trop pour.
L'année dernière, Jérémie **habitait** encore à Luxembourg.

Mit dem *imparfait* beschreibst du auch Zustände oder Stimmungen.

→ S. 25/6: Mit dem *imparfait* drückst du im Französischen Gewohnheiten aus bzw. Handlungen, die sich in der Vergangenheit häufig wiederholt haben.

ramasser des coquillages Muscheln sammeln **lorsque** = quand **approcher** nähern
la saloperie die Schweinerei

9.4 Das indirekte Objekt nach jouer
L'objet indirect après le verbe *jouer*

Ils **jouent au** foot.

Alice **joue de la** guitare,
Jia Li **joue de l'**accordéon,
Hugo **joue du** saxophone.

jouer à qc – Spiel (*auch* Sportspiel) spielen
jouer de qc – Instrument spielen

Nach dem Verb *jouer* kann die Präposition *à* oder *de* stehen. *Jouer à* verwendest du, um auszudrücken, dass jemand ein Spiel spielt (auch ein Sportspiel), *jouer de* verwendest du, um auszudrücken, dass jemand ein Instrument spielt.

10 Die Verneinung mit ne ... rien
La négation avec *ne ... rien*

Ses fils	ne	font	rien	pour l'aider.
Il	n'	a	rien	trouvé pour l'anniversaire de sa sœur.
Mme Marin	ne	va	rien	dire.
Mme Marin	ne	veut	rien	faire le week-end.

Die Verneinungswörter *ne ... rien* haben die gleiche Stellung wie die Verneinungswörter *ne ... pas* und *ne ... plus*: Sie umschließen die konjugierte Form des Verbs. Infinitive und das Partizip Perfekt stehen hinter *rien*.

→ S. 25/7: Die Verneinungswörter *ne ... rien* umschließen die konjugierte Form des Verbs. Infinitive und das Partizip Perfekt stehen hinter *rien*.

Grammatische Begriffe aus Unité 1 / Le vocabulaire grammatical de l'unité 1		
	das unverbundene Personalpronomen	le pronom personnel disjoint
	das verbundene Personalpronomen	le pronom personnel conjoint
	das Imperfekt	l'imparfait

11 Das Verb
Le verbe

11.1 Die Verben auf -ir (mit Stammerweiterung)
Les verbes en *-ir*

	choisir
je	choisis
tu	choisis
il	choisit
nous	choisissons
vous	choisissez
ils	choisissent
impératif	Choisis.
	Choisissons.
	Choisissez.
passé composé	il a choisi

Hier lernst du eine große Gruppe von ca. 300 Verben kennen, die eine eigene Konjugation haben. Die meisten Verben, die auf *-ir* enden, werden wie *choisir* konjugiert. Diese Verben haben im Plural eine Besonderheit: An den Verbstamm wird *-iss-* angehängt, erst darauf folgt die Personalendung. Man nennt das eine Stammerweiterung. Ebenso werden konjugiert: *applaudir, réagir, réfléchir, réussir, rougir*. Die Partizipien aller Verben mit Stammerweiterung enden auf *-i*.

11.2 Imparfait und passé composé
L'imparfait et le passé composé

Imparfait und passé composé im Satz
L'imparfait et le passé composé dans la phrase

À douze ans, il ne s'**intéressait** pas à la musique. Il **faisait** beaucoup de sport, **regardait** des films à la télé, **allait** au ciné et **lisait** beaucoup de bédés.

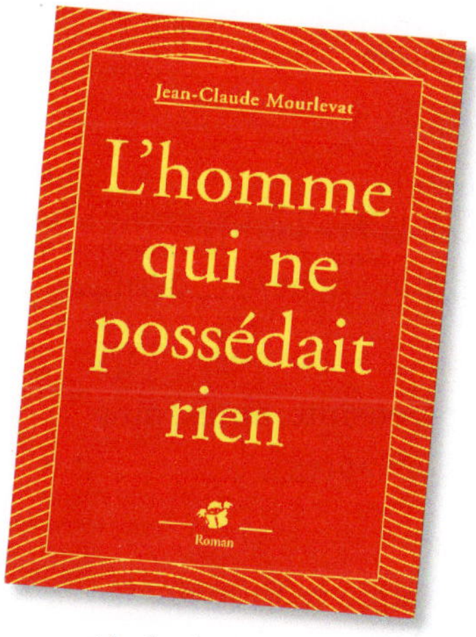

posséder besitzen

Du verwendest das *imparfait*, um Gewohnheiten zu schildern sowie Handlungen, die sich in der Vergangenheit wiederholt haben (→ S. 26).

Du verwendest das *imparfait* auch, um Handlungen zu schildern, die in der Vergangenheit gleichzeitig abliefen und bei deren Schilderung der Beginn oder das Ende nicht wichtig sind.

L'après-midi, Jacob **mangeait**,

écoutait de la musique

et **faisait** ses devoirs.

Willst du dagegen deutlich machen, dass eine Handlung auf die andere folgt – die eine beginnt, wenn die vorhergehende abgeschlossen ist –, verwendest du zur Schilderung dieser Handlungs- oder Ereigniskette das *passé composé*.

Hier, Jacob **a mangé**, puis il **a fait** ses devoirs. Après, il **a écouté** de la musique.

Willst du deutlich machen, dass eine Handlung erst eingesetzt hat, während die andere schon verlief, so verwendest du zur Schilderung der einsetzenden Handlung das *passé composé* und zur Schilderung der schon verlaufenden Handlung das *imparfait*.

Jacob **mangeait** quand ses copains **sont arrivés**.

imparfait

Wiederholung
tous les matins/soirs/___
toujours
le lundi / le week-end / ___
souvent

passé composé

Einmaligkeit
une fois
ce lundi-là / ce jour-là
mardi/dimanche/___ dernier

Handlungskette/Ereigniskette
d'abord, ensuite, après, puis
une heure après

einsetzende Handlung
tout à coup; à ce moment-là;
à (huit) heures; un jour

Imparfait und passé composé im Text
L'imparfait et le passé composé dans le texte

imparfait	passé composé
Hintergrund	**Vordergrund**
Beschreibung eines **Zustands**, einer **Situation**	**Handlung, Ereignisse, Aktion**
Frage: Was war schon?	Frage: Was ist geschehen?
À Aubagne, Antonin **était** heureux: on l'**admirait**, on l'**applaudissait**. Il **était** bon partout. →	Un jour, un entraîneur l'**a repéré**. Il **est venu** vers Antonin, lui **a parlé** et lui **a posé** beaucoup de questions. ↙
Antonin **était** très fier. →	Et tout à coup, la vie d'Antonin **a changé**. Il **a fait** un stage et l'entraîneur **a parlé** à ses parents ↙
qui **étaient** très fiers aussi. →	Après, tout **est allé** très vite. Il **a passé** des tests et il **a réussi**.

Imparfait und *passé composé* können auch in einem Text nebeneinander auftreten.
Im *imparfait* erzählst du den Hintergrund, also die Rahmenhandlung einer Geschichte: Du beschreibst Zustände (z. B. die Stimmung, das Wetter), lieferst Erklärungen oder Kommentare zum Geschehen (z. B. wo die Handlung stattfand, welche Personen anwesend waren) und schilderst den Zustand, der schon vor dem besonderen Ereignis bestand und evtl. auch danach weiter besteht. Dem *imparfait* ist das Merkmal „unauffällig" zugeordnet.
Im *passé composé* schilderst du dagegen die eigentlichen Ereignisse: einmalige Handlungen oder neu einsetzende Handlungen, aufeinanderfolgende Handlungen, außergewöhnliche Ereignisse, auf die sich die Aufmerksamkeit des Hörers (Lesers) richten soll. Mit dem *passé composé* gestaltest du den Vordergrund einer Erzählung und kannst damit eine gewisse Spannung erzeugen. Dem *passé composé* ist das Merkmal „auffällig" zugeordnet.

11.3 Das plus-que-parfait
Le plus-que-parfait

Die Bildung

j'	avais parlé	j'	étais allé/allé**e**
tu	avais parlé	tu	étais allé/allé**e**
il/elle/on	avait parlé	il/elle/on	était allé/allé**e**/allés/allé**e**s
nous	avions parlé	nous	étions allés/allé**e**s
vous	aviez parlé	vous	étiez allé/allée/allés/allé**e**s
ils/elles	avaient parlé	ils/elles	étaient allés/allé**e**s

Das *plus-que-parfait* wird genauso gebildet wie das Plusquamperfekt im Deutschen.

Du bildest das *plus-que-parfait* mit der *imparfait*-Form des Hilfsverbs *avoir* oder *être* und dem Partizip Perfekt eines Verbs. Im Deutschen wird das Plusquamperfekt genauso gebildet.
Für die Wahl des Hilfsverbs und die Angleichung des Partizips Perfekt an das Subjekt gelten im *plus-que-parfait* dieselben Regeln wie im *passé composé*.

📖 → S. 39/5: 1. *Il avait mal joué.* 2. *Elle avait trop mangé.* 3. *Elle était restée à la maison.* 4. *Jacob avait appelé trois fois.* 5. *Tout était allé très vite.*

▶

Der Gebrauch

Quand nous sommes arrivés à la gare, le train **était** déjà **parti**.

Vorvergangenheit	Vergangenheit
21 h – 23 h	1 h
Avant, ils **avaient fait** tout leur possible: Ils **avaient appelé** l'entraîneur, ils **avaient parlé** aux copains d'Antonin, ils **étaient allés** au commissariat pour faire une déclaration.	À une heure du matin, les Jourdan **sont allés** au lit. Ils **étaient** épuisés.

Mit dem Plusquamperfekt kannst du ausdrücken, dass eine Handlung noch vor einer anderen – ebenfalls vergangenen – Handlung stattgefunden hat. Die im *plus-que-parfait* dargestellte Handlung hat vor der im *passé composé* oder im *imparfait* dargestellten Handlung stattgefunden (hier: *Die Abfahrt des Zuges fand vor unserer Ankunft am Bahnhof statt.*). Das Plusquamperfekt heißt deshalb im Deutschen „Vorvergangenheit".

⚠ Im Deutschen wird anstelle des Plusquamperfekts häufig das Perfekt gebraucht, z. B.: *Bevor Antonin ins Internat gegangen ist, hat/hatte er in Aubagne gewohnt.* Im Französischen musst du da genauer sein.

11.4 Die Infinitivergänzung
Le complément avec l'infinitif

Das weißt du schon

Jacob **veut** parler à son frère.
Juliette **aime** raconter des histoires.
Jacob et Juliette ne **peuvent** pas dormir.

Du kennst Verben, an die ein Infinitiv direkt angeschlossen wird.

Das ist neu

Enfin Antonin **réussit à** appeler ses parents.
Il a **commencé à** jouer au foot à l'âge de cinq ans.
Jacob **avait** toujours **peur de** ne pas réussir.
Il n'**avait** pas **le droit de** leur faire ça.

Es gibt auch Verben und Ausdrücke, an die du einen Infinitiv mit der Präposition *à* oder *de* anschließen musst.

à + infinitif

apprendre à
réussir à
commencer à
renoncer à
penser à
hésiter à
encourager qn à

de + infinitif

	envie de	rêver de
	besoin de	essayer de
	peur de	continuer de
	honte de	oublier de
	le courage de	s'arrêter de
avoir	le droit de	proposer de
	l'impression de	accepter de
	l'autorisation de	être désolé/e de
	raison de	être possible de
	l'air de	être impossible de

suivre des cours
(Unterrichts-)Stunden nehmen

Lerntipp: Am besten lernst du diese Verben und Ausdrücke mit ihren Übersetzungen auswendig.

📖 → S. 39/6: z. B. *Il a renoncé à manger du clafoutis. Elle n'a pas l'autorisation de sortir. Il a très vite appris à parler français. Elle a encouragé son frère à appeler ses parents.*

Grammatische Begriffe aus Unité 2 **Le vocabulaire grammatical de l'unité 2**	das Plusquamperfekt die Infinitivergänzung	le plus-que-parfait le complément avec l'infinitif

12 Präpositionen und Artikel vor Ländernamen
Prépositions et articles devant les noms de pays

la France	Frankreich	
l'Allemagne	Deutschland	
le Canada	Kanada	
la Bretagne	die Bretagne	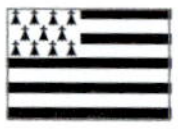

Im Französischen verwendest du vor Ländernamen meistens einen bestimmten Artikel (Ausnahmen: *Malte, Monaco*). Im Deutschen steht vor Ländernamen meistens kein Artikel. Auch vor den Namen der französischen Regionen *(la Normandie, la Provence* etc.*)* verwendest du einen bestimmten Artikel.

féminin	masculin	pluriel
la France	**le** Canada	**les** États-Unis *(m.)*
l'Allemagne	**le** Mali	
la Grande-Bretagne	**le** Maroc	
la Pologne	**le** Luxembourg	
l'Algérie		
la Chine		

Fast alle Ländernamen, die auf *-e* enden, sind feminin.

Die meisten Ländernamen sind im Französischen feminin, einige sind maskulin. Außerdem gibt es Ländernamen, die immer im Plural stehen.

feminine Ländernamen	maskuline Ländernamen	Ländernamen im Plural
Il est **en** France.	Elle habite **au** Canada.	Il est **aux** États-Unis.
... **in** Frankreich	... **in** Kanada	... **in den** Vereinigten Staaten
Il va **en** Allemagne.	Elle va **au** Maroc.	Il va **aux** États-Unis.
... **nach** Deutschland	... **nach** Marokko	... **in die** Vereinigten Staaten

Willst du sagen, dass jemand in einem Land wohnt oder in ein Land fährt, verwendest du
– bei femininen Ländernamen ***en***,
– bei maskulinen Ländernamen ***au*** und
– bei Ländernamen im Plural ***aux***.

feminine Ländernamen	maskuline Ländernamen	Ländernamen im Plural
Ils viennent **de** Pologne.	Elle est **du** Mali.	Il vient **des** États-Unis.
... **aus** Polen	... **aus** Mali	... **aus den** Vereinigten Staaten

Willst du sagen, dass jemand aus einem Land kommt, verwendest du
– bei femininen Ländernamen ***de/d'***,
– bei maskulinen Ländernamen ***du***,
– bei Ländernamen im Plural ***des***.

	feminin	maskulin	Plural
in/nach	**en**	**au**	**aux**
aus/von	**de/d'**	**du**	**des**

13 Das Adjektiv
L'adjectif

13.1 Die Adjektive auf -if
Les adjectifs en *-if*

	masculin	féminin
singulier	définit**if** posit**if**	définit**ive** posit**ive**
pluriel	définit**ifs** posit**ifs**	définit**ives** posit**ives**

Adjektive, die in der maskulinen Form auf *-if* enden, haben eine feminine Form auf *-ive*.
Du kennst jetzt bereits drei Adjektive mit der Endung *-if*: *définitif, sportif, positif*.

13.2 Der Komparativ des Adjektivs
Le comparatif de l'adjectif

Um den Komparativ französischer Adjektive zu bilden, stellst du *moins, aussi, plus* vor das Adjektiv und das Vergleichswort *que* dahinter.

Marie est **plus** grande **qu'**Alice.

Alice est **aussi** grande **que** Jia Li.

Léon est **moins** grand **qu'**Alice.

plus‿intelligent que [plyzɛ̃tɛliʒɑ̃kə]
plus‿important que [plyzɛ̃pɔʀtɑ̃kə]

Denke daran, das *-s* von *plus* mit dem folgenden Adjektiv zu binden, wenn dieses Adjektiv mit Vokal oder stummem *h-* beginnt.

Komparativ des Adjektivs:	+ **plus** = **aussi** – **moins**	+ Adjektiv + **que**

Hugo est **bon** en maths. Il est **meilleur** en maths que Luc.
Alice est **bonne** en géo. Elle est **meilleure** en géo qu'en sport.

bon/bonne – meilleur/meilleure que
bons/bonnes – meilleurs/meilleures que
gut – besser als

⚠ Der Komparativ von *bon* ist unregelmäßig: *meilleur*. *Meilleur* wird, wie andere Adjektive auch, an das Bezugsnomen angeglichen.

Ses notes étaient **plus mauvaises** qu'avant. ... schlechter als ...
Le devoir de géo était **pire que** le devoir de maths. ... schlimmer als ...

mauvais/e – plus mauvais/e que — schlechter als
mauvais/e – pire que — schlimmer als

⚠ *Mauvais* hat zwei Komparative mit unterschiedlicher Bedeutung.

13.3 Der Superlativ des Adjektivs
Le superlatif de l'adjectif

C'est le groupe **le plus célèbre** en France en ce moment.
C'est la chanson **la plus belle** de ce groupe.
J'ai le père **le moins sévère** du monde.
Elle a acheté les jouets **les moins chers** pour Léon.

Den Superlativ eines französischen Adjektivs bildest du, indem du der Komparativform *plus/moins* + Adjektiv einen Begleiter hinzufügst; meistens ist das der bestimmte Artikel.

Superlativ des Adjektivs:	**le** / **la** / **les**	+	**plus** / **moins**	+ Adjektiv

C'est un **jeune** prof.
C'est le prof **le plus jeune** de l'école. — Nomen + Superlativ
oder: C'est **le plus jeune** prof. — Superlativ + Nomen

C'est un film **intéressant**.
nur: C'est le film **le plus intéressant**. — Nomen + Superlativ

Adjektive, die vor dem Nomen stehen *(grand, petit, bon, mauvais, beau, jeune, joli, nouveau)*, können im Superlativ vor oder hinter dem Nomen stehen. Adjektive, die hinter dem Nomen stehen, können auch im Superlativ nur hinter dem Nomen stehen.
⚠ Denke daran, beim nachgestellten Superlativ den bestimmten Artikel zu wiederholen.

haut/e hoch

Wenn du den Superlativ eines Adjektivs hinter das Nomen stellst, liegst du immer richtig.

Jia Li est une bonne copine. Elle est ma meilleure copine à l'école.
C'est un bon couscous. C'est le meilleur couscous de ma vie.

Der Superlativ von *bon* ist – wie der Komparativ – ebenfalls unregelmäßig.

bon/s	**meilleur/s**	**le/les meilleur/s**
bonne/s	**meilleure/s**	**la/les meilleure/s**
gut	besser	der/die/das beste(n)

quarante
cinquante
soixante
soixante

En S.V.T., il avait **la plus mauvaise** note de toute la classe.
C'est **la pire** des choses.

Wie im Komparativ hat *mauvais* auch im Superlativ zwei Formen mit unterschiedlicher Bedeutung.

mauvais/e	**plus mauvais/e**	**le/la/les plus mauvais/e/es**
schlecht	schlechter	der/die/das schlechteste(n)
mauvais/e	**pire**	**le/la/les pire/s**
schlimm	schlimmer	der/die/das schlimmste(n)

14 Das Adverb
L'adverbe

14.1 Die Bildung des Adverbs auf -ment
La formation de l'adverbe en *-ment*

facile – facile**ment**
seul/seule – seule**ment**
curieux/curieuse – curieuse**ment**
définitif/définitive – définitive**ment**
moyen/moyenne – moyenne**ment**
exceptionnel/exceptionnelle – exceptionnelle**ment**
long/longue – longue**ment**

Du kennst schon einige Adverbien, z. B. *assez, aussi, beaucoup, très, trop, vite*. Man nennt sie die ursprünglichen Adverbien.
Adverbien kannst du aber auch von Adjektiven ableiten. Um ein Adverb zu bilden, hängst du an die feminine Form des Adjektivs die Endung *-ment* an. Denke dabei an die besondere feminine Form einiger Adjektive.

vrai/vraie – **vraiment**
gentil/gentille – **gentiment**
bon/bonne – **bien**
mauvais/mauvaise – **mal**

⚠ Einige Adverbien sind unregelmäßig.

Cette histoire est **incroyable**.	Adjektiv
Diese Geschichte ist unglaublich.	
C'est **incroyablement** beau.	Adverb
Das ist unglaublich schön.	

Malheureusement, il fait froid.	Adverb
Unglücklicherweise ist es kalt.	
Elle est **malheureuse**.	Adjektiv
Sie ist unglücklich.	

Im Deutschen kann man Adjektiv und Adverb nicht immer an der Form voneinander unterscheiden. Im Französischen haben viele Adverbien eigene Formen.

⚠ Man kann nicht von jedem französischen Adjektiv ein Adverb bilden. Um sicher zu gehen, ob es ein Adverb, das du gebildet hast, gibt, schaust du am besten im Wörterbuch nach.

14.2 Der Gebrauch des Adverbs
L'emploi de l'adverbe

1. **Heureusement**, ils vont fêter Noël avec nous.
2. Elle parle toujours **gentiment** avec son petit frère.
3. Le film est **vraiment** formidable.
4. Les acteurs jouent **vraiment** bien.

Adverbien können sich beziehen
– auf einen ganzen Satz (Satz 1),
– auf ein Verb (Satz 2),
– auf ein Adjektiv (Satz 3) (Sie stehen dann vor dem Adjektiv.),
– auf ein weiteres Adverb (Satz 4).

→ S. 60/7: Adverbien können sich auf einen ganzen Satz, auf ein Verb, ein Adjektiv oder ein weiteres Adverb beziehen.

15 Das Verb
Le verbe

15.1 Die unregelmäßigen Verben plaire und se taire
Les verbes irréguliers *plaire* et *se taire*

	plaire
je	plais
tu	plais
il	plaît
nous	plaisons
vous	plaisez
ils	plaisent
impératif	Plais. Plaisons. Plaisez.
passé composé	il a **plu**

		se taire
je	me	tais
tu	te	tais
il	se	tait
nous	nous	taisons
vous	vous	taisez
ils	se	taisent
impératif		Tais-toi. Taisons-nous. Taisez-vous.

Bei den unregelmäßigen Verben *plaire* und *se taire* wird in den Pluralformen vor den Personalendungen ein *-s-* eingeschoben. In der 3. Person Singular hat das *-î-* von *plaît* einen *accent circonflexe*. Das kennst du von *s'il te plaît / s'il vous plaît*. Die 3. Person Singular von *se taire* (*il se tait*) hat dagegen keinen *accent*.

16 Die Verneinung
La négation

16.1 Die Verneinung mit ne … rien, ne … jamais und ne … personne
La négation avec *ne … rien, ne … jamais* et *ne … personne*

Ça	ne	fait	rien	.
Il	n'	a	rien	dit.
Il	ne	va	rien	dire.
Elle	ne	veut	rien	dire.

Il	n'	est	jamais	content.
Elle	n'	est	jamais	allée à Grenoble.
Elle	ne	va	jamais	jouer au foot.
Il	ne	veut	jamais	aller avec nous.

Elle	ne	connaît	personne	à Grenoble.
Elle	n'	**a vu**	personne	à Grenoble.
Je	ne	**vais inviter**	personne	.
Il	ne	**veut voir**	personne	.

Die Verneinungswörter *ne … rien* kennst du schon aus Unité 1 (→ S. 28).
Ne … jamais verwendest du genauso wie *ne … pas, ne … plus* und *ne … rien:* Die Verneinungswörter umschließen die konjugierte Form des Verbs. Infinitive und das Partizip Perfekt stehen hinter *jamais.*

Im Präsens verwendest du *ne … personne* genauso wie die Verneinungswörter *ne … pas/plus/rien/jamais.* In den zusammengesetzten Tempora *(passé composé* und *futur composé)* und in Sätzen mit einem Modalverb + Infinitiv ist das anders: *Personne* steht **hinter** dem Partizip Perfekt bzw. dem Infinitiv.

📖 → S. 60/8: *Ne … rien* und *ne … jamais* haben in allen Tempora die gleiche Stellung wie *ne … pas/plus. Ne … personne* dagegen umschließt in den zusammengesetzten Tempora und in Sätzen mit Infinitiven das Hilfsverb und das Partizip Perfekt bzw. den Infinitiv.

16.2 Die Verneinung mit rien ne … und personne ne …
La négation avec *rien ne …* et *personne ne …*

Personne n'a téléphoné aujourd'hui.	Niemand …
Personne n'est venu le voir.	Niemand …
Rien ne l'intéresse vraiment.	Nichts …
Rien n'est vraiment chouette sans amis.	Nichts …

Die Verneinungswörter *personne ne …* und *rien ne …* sind Subjekt des Satzes und stehen immer vor dem Verb. Das Verb steht nach *personne ne …* und *rien ne …* immer in der 3. Person Singular.

📖 → S. 60/9: *Niemand will ohne Freunde leben.*
Ohne Freunde ist nichts wirklich toll.
Personne ne … und *rien ne …* sind Subjekt des Satzes.

Grammatische Begriffe aus Unité 3	die Präposition	la préposition
Le vocabulaire grammatical de l'unité 3	der Ländername	le nom de pays
	der Komparativ	le comparatif
	der Superlativ	le superlatif
	das Adverb	l'adverbe
	die Bildung	la formation
	der Gebrauch	l'emploi

AUF EINEN BLICK

Die Verneinung

Hier findest du eine Übersicht aller Verneinungswörter, die du bisher kennen gelernt hast.

Verneinungswort	deutsche Entsprechung	Beispiel
ne ... pas	nicht	Je ne dors pas.
ne ... pas de	kein/e/n	Marie n'a pas de frères et sœurs.
ne ... plus	nicht mehr	Moussa n'est plus là.
ne ... plus de	kein/e/n mehr	Hugo n'a plus d'argent.
ne ... rien	nichts	Mon père n'a rien dit.
ne ... jamais	niemals	Elle ne fait jamais de ski.
ne ... personne	niemand(en)	Je ne connais personne ici.
rien ne ...	nichts	Rien n'est facile.
personne ne ...	niemand	Personne n'est venu.

⚠ *Rien ne* ... und *personne ne* ... sind Subjekt des Satzes.

17 Das Adverb
L'adverbe

17.1 Der Komparativ des Adverbs
Le comparatif de l'adverbe

Marc court **plus vite que** les autres. ... schneller als ...
Julie court **aussi vite que** Coralie. ... genauso schnell wie ...
Yves court **moins vite que** les autres. ... langsamer als ...

Französische Adverbien werden genauso gesteigert wie französische Adjektive: Du stellst *plus, aussi, moins* vor das Adverb und das Vergleichswort *que* dahinter.

plus **aussi** **moins**	+ Adverb + **que**

→ S. 83/2: Französische Adverbien werden genauso gesteigert wie französische Adjektive.

Clara chante **bien**. Mais Alice chante **mieux qu'**elle.
... gut ... ... besser als ...
Luc travaille **beaucoup**. Il travaille **plus que** ses copains.
... viel ... ... mehr als ...
Mon oncle parle **peu**. Il parle **moins que** ma tante.
... wenig ... ... weniger als ...

Der Komparativ von *bien, beaucoup* und *peu* ist unregelmäßig.

Il travaille plus que [plyskə] ses copains.

Bei *plus que*, dem Komparativ von *beaucoup*, wird der Endkonsonant von *plus* gesprochen.

⚠ Unterscheide Adjektiv und Adverb.

Adjektiv		Adverb	
Les bonbons de Liak sont **bons**.	... gut	Alice chante **bien**.	... gut
Les bonbons de sa copine sont **meilleurs**.	... besser	Sarah chante **mieux**.	... besser

17.2 Der Superlativ des Adverbs
Le superlatif de l'adverbe

Qui a couru **le plus vite** des deux? ... am schnellsten
Son copain va **le moins vite** de tous. ... am langsamsten

Du bildest den Superlativ eines Adverbs, indem du *le plus* oder *le moins* vor das Adverb stellst. Nicht immer kannst du einen französischen Superlativ wörtlich ins Deutsche übersetzen: *le moins vite = am langsamsten.*

Le samedi, il rentre toujours **le plus tard** possible. ... so spät wie möglich

Il va **le moins souvent** possible sur la banquise. ... so selten wie möglich

Französische Adverbien im Superlativ können mit *possible (so ... wie möglich)* ergänzt werden.

bien	mieux	**le mieux**	gut, besser, am besten
beaucoup	plus	**le plus**	viel, mehr, am meisten
peu	moins	**le moins**	wenig, weniger, am wenigsten

⚠ Die Steigerungsformen dieser drei häufig gebrauchten Adverbien sind unregelmäßig.

18 Das Verb
Le verbe

18.1 Das unregelmäßige Verb croire
Le verbe irrégulier *croire*

	croire
je	crois
tu	crois
il	croit
nous	croyons
vous	croyez
ils	croient
impératif	Crois. Croyons. Croyez.
passé composé	il a **cru**

Bei dem unregelmäßigen Verb *croire* steht in der 1. und 2. Person Plural im Stamm statt des *-i-* ein *-y-*. Das kennst du schon von dem Verb *voir.*

18.2 Der Imperativ mit Pronomen
L'impératif avec un pronom

Für eine Bitte oder eine Aufforderung verwendest du häufig einen Imperativ mit Pronomen, z. B. *Gib ihm das Buch. Gib ihr das Buch nicht.* Das ist im Französischen genauso. Im bejahten Aufforderungssatz steht das Pronomen **hinter dem Imperativ** und wird mit einem Bindestrich angeschlossen. Anstelle der Pronomen *me* und *te* verwendest du die betonten Formen *moi* und *toi.*

Im verneinten Aufforderungssatz ist die Wortstellung dieselbe wie im Aussagesatz: Das Pronomen steht **vor** dem Verb.

Aufforderungssatz

bejaht: **Imperativ** + **Pronomen**
verneint: **ne** + **Pronomen** + **Imperativ** + **pas**

→ S. 84/7: Die Pronomen stehen **hinter** dem bejahten Imperativ und **vor** dem verneinten Imperativ. Die Pronomen werden mit in die Verneinungsklammer eingeschlossen.

Vas-y. [vazi] aber: N'y va pas.
Parles-en. [paʀləzɑ̃] aber: N'en parle pas.

Endet der Imperativ Singular auf einen Vokal, wird zur Erleichterung der Aussprache an den Imperativ Singular (hier *va* und *parle*) vor den Pronomen *y* und *en* ein *-s* angehängt.

18.3 Das futur simple
Le futur simple

Verben auf -er und -ir

	-ai	je	parler**ai**	je	fini**rai**
	-as	tu	parler**as**	tu	fini**ras**
parler +	**-a**	il	parler**a**	il	fini**ra**
finir	**-ons**	nous	parler**ons**	nous	fini**rons**
	-ez	vous	parler**ez**	vous	fini**rez**
	-ont	ils	parler**ont**	ils	fini**ront**

Du kennst schon das zusammengesetzte Futur *(le futur composé)* (→ S. 17). Im Französischen gibt es außerdem noch das *futur simple* (einfaches Futur), das nur aus einer Verbform besteht.
Du bildest das *futur simple* der meisten Verben auf *-er* und *-ir*, indem du an den Infinitiv die Endungen *-ai, -as, -a, -ons, -ez, -ont* anhängst.

Besondere Verben auf -er

acheter → j'achète → j'achèterai
appeler → j'appelle → j'appellerai
payer → je paie → je paierai

⚠ Bei diesen Verben auf *-er*, die eine Besonderheit in der Schreibweise haben, musst du zur Bildung des *futur simple* von der **1. Person Singular Präsens** ausgehen. ▶

Verben auf -re

Die Verben, die auf *-re* enden, verlieren im *futur simple* das *-e* des Infinitivs.

attendr~~e~~ → j'attendr**ai**
mettr~~e~~ → je mettr**ai**
prendr~~e~~ → je prendr**ai**
lir~~e~~ → je lir**ai**

Ausnahmen

Einige unregelmäßige Verben bilden die Formen des *futur simple* nicht mit dem Infinitiv. Sie haben einen besonderen Futurstamm, an den du die Futurendungen anhängst. Diese Verbformen musst du auswendig lernen.

être	→ je **serai**	pouvoir	→ je **pourrai**
faire	→ je **ferai**	courir	→ je **courrai**
avoir	→ j'**aurai**	venir	→ je **viendrai**
savoir	→ je **saurai**	devenir	→ je **deviendrai**
voir	→ je **verrai**	devoir	→ je **devrai**
envoyer	→ j'**enverrai**		
aller	→ j'**irai**	il faut	→ il **faudra**
vouloir	→ je **voudrai**	il pleut	→ il **pleuvra**

19 Der reale Bedingungssatz
La condition réelle

Mit Bedingungssätzen kannst du sagen, was geschehen wird, wenn eine bestimmte Bedingung erfüllt ist. Im Nebensatz, der mit der Konjunktion *si* eingeleitet wird, steht die Bedingung; dafür verwendest du ein Verb im *présent*. Im Hauptsatz sagst du, was geschehen wird, wenn diese Bedingung erfüllt ist; dafür verwendest du ein Verb im *futur simple*.
⚠ Im Nebensatz mit *si* steht **nie** das Futur.

S'ils déménagent au Québec, les garçons **pourront** faire de la luge l'hiver prochain.
Si Hugo cherche bien, il **trouvera** un nouveau groupe à Montréal.
Si Hugo invite ses copains, ils **iront** le voir à Montréal.

Nebensatz	Hauptsatz
↓	↓
si + *présent*	*futur simple*

S'il peut, il fera de la luge l'hiver prochain.
Il fera de la luge l'hiver prochain, **s'il peut**.

Der *si*-Satz kann **vor** oder **nach** dem Hauptsatz stehen.

→ S. 84/6a: Im Nebensatz (*si*-Satz) steht das *présent*, im Hauptsatz das *futur simple*.
→ S. 84/6b: 1. *Quand je suis triste, je bois un chocolat chaud.* 2. *S'il ne neige pas, nous irons / on ira encore à Québec.*

S'il leur écrit des mails, les copains lui répondront.
S'ils vont à Québec, ils verront des sculptures de glace.
Si elle veut, elle pourra voir ses cousins.
Si elles montent sur le Mont-Royal, elles auront une belle vue.
Si on part maintenant, on pourra encore boire un café.

Si wird nur vor *il* und *ils* apostrophiert. Vor *elle*, *elles* und *on* wird *si* nie apostrophiert.

Si j'ai le temps, j'irai voir ma copine aujourd'hui. — Bedingung
Wenn/Falls ich Zeit habe, werde ich heute meine Freundin besuchen.

Quand j'ai le temps, je vais voir ma copine. — Zeitangabe
Wenn / Immer wenn ich Zeit habe, besuche ich meine Freundin.

si = wenn/falls
quand = wenn / immer wenn

⚠ *Wenn* kann einen temporalen Nebensatz oder einen Bedingungssatz einleiten. Im Französischen gibt es dafür zwei verschiedene Konjunktionen: *si* = *wenn/falls* (Bedingungssatz) und *quand* = *wenn / immer wenn* (temporaler Nebensatz).

20 Die Inversionsfrage
L'interrogation par inversion

Déménagez-vous en septembre?
Pensez-vous aussi aux autres?
Comprend-elle ce que je dis?
Que **fait-il**?
Que **dit-elle**?
Comment **ont-ils** réagi?
Ne **trouvez-vous** pas que c'est exceptionnel?

In der Inversionsfrage stellst du das Subjektpronomen **hinter** das Verb. Verb und Subjektpronomen verbindest du mit einem Bindestrich. Endet das Verb in der 3. Person Singular auf *-t* oder *-d*, wird dieses bei der Aussprache gebunden (→ S. 59, Die liaison). In Fragen mit Fragewörtern steht das Fragewort am Anfang der Frage, vor dem Verb. Die Verneinungsklammer umschließt Verb und Subjektpronomen. ▶

Va-**t**-elle fermer son cabinet dentaire?
Pourquoi va-**t**-il s'installer au Canada?
Que fera-**t**-elle au Québec?
Y a-**t**-il quelqu'un qui vient avec nous?

⚠ Endet das Verb in der 3. Person Singular auf einen Vokal, schiebst du zwischen Verb und Pronomen ein *-t-* ein, damit du Verb und Pronomen beim Aussprechen binden kannst.

📖 → S. 84/8a: In der Inversionsfrage steht das Verb **vor** dem Subjekt (wie im Deutschen).
📖 → S. 84/8b: 1. *Vient-elle?* 2. *Pense-t-il à nous?* 3. *Peux-tu venir plus tard?* 4. *Sait-elle que nous déménageons/qu'on déménage?* 5. *Restera-t-il à Marseille? / Va-t-il rester à Marseille?* 6. *Invitera-t-il ses copains? / Va-t-il inviter ses copains?* 7. *Connaissez-vous Montréal?*

Grammatische Begriffe aus Unité 4
Le vocabulaire grammatical de l'unité 4

der Komparativ	le comparatif
der Superlativ	le superlatif
das einfache Futur	le futur simple
der Bedingungssatz	la proposition conditionnelle
der reale Bedingungssatz	la condition réelle
der Hauptsatz	la proposition principale
der Nebensatz	la proposition subordonnée
die Inversionsfrage	l'interrogation par inversion

21 Die Indefinitpronomen tous/toutes
Les pronoms indéfinis *tous/toutes*

1. Où sont les olives?	Lea les a **toutes** mangées. Lea hat sie alle gegessen.
2. Où sont les gâteaux?	Jens les a **tous** mangés. Jens hat sie alle gegessen.
3. Les copains sont venus aussi?	**Tous** sont venus. / Ils sont **tous** venus. Sie sind alle gekommen.
4. Est-ce que tes copines étaient d'accord?	**Toutes** étaient d'accord. / Elles étaient **toutes** d'accord. Sie waren alle einverstanden.

Die Indefinitpronomen *tous/toutes* werden dem Nomen, auf das sie sich beziehen, im Genus angeglichen. Im Deutschen verwendest du nur eine Form: *alle*. *Tous/Toutes* kann sowohl Objekt (Satz 1 und 2) als auch Subjekt (Satz 3 und 4) des Satzes sein. Als direktes Objekt werden *tous/toutes* immer zusammen mit dem direkten Objektpronomen *les* verwendet.
Als Subjekt kann *tous/toutes* an zwei Stellen stehen: **vor** dem Verb oder **nach** dem Verb. Steht es nach dem Verb, erscheint vor dem Verb ein Subjekt in Form eines Nomens oder Personalpronomens: *Ils sont tous venus.*

Begleiter		Pronomen
tout le gâteau der ganze Kuchen	**toute** la classe die ganze Klasse	J'ai **tout** vu. Ich habe alles gesehen.
tous les copains alle Freunde	**toutes** mes copines alle meine Freundinnen	Les olives? Il les a **toutes** mangées. Er hat sie alle gegessen. Les bonbons? Ils étaient **tous** très bons. Sie waren alle sehr gut.

Der Begleiter *tout/e, tous/toutes* wird dem Nomen angeglichen, vor dem er steht. Er steht fast immer mit einem weiteren Begleiter.
Die Pronomen *tous/toutes* werden dem Nomen angeglichen, auf das sie sich beziehen.
Tout (in der Bedeutung *alles*) ist unveränderlich.

22 Das Verb
Le verbe

22.1 Das conditionnel présent
Le conditionnel présent

Die Bildung

Verben auf -er und -ir

Du bildest das *conditionnel présent* der meisten Verben auf *-er* oder *-ir*, indem du an den Infinitiv die Endungen *-ais, -ais, -ait, -ions, -iez, -aient* anhängst. Diese Endungen kennst du schon vom *imparfait* (→ S. 26).

Infinitiv	Endungen des imparfait				
	-ais	je	parler**ais**	je	finir**ais**
	-ais	tu	parler**ais**	tu	finir**ais**
parler +	**-ait**	il	parler**ait**	il	finir**ait**
finir	**-ions**	nous	parler**ions**	nous	finir**ions**
	-iez	vous	parler**iez**	vous	finir**iez**
	-aient	ils	parler**aient**	ils	finir**aient**

Besondere Verben auf -er

⚠ Bei diesen Verben auf *-er*, die eine Besonderheit in der Schreibweise haben, musst du zur Bildung des *conditionnel* von der **1. Person Singular Präsens** ausgehen. Das kennst du schon von der Bildung des *futur simple* (→ S. 43).

acheter j'achète → j'achèterais
appeler j'appelle → j'appellerais
payer je paie → je paierais

Verben auf -re

Die Verben auf *-re* verlieren im *conditionnel* das *-e* des Infinitivs.

attendre → j'attendr**ais**
mettre → je mettr**ais**
prendre → je prendr**ais**
lire → je lir**ais**

Ausnahmen

Das *conditionnel présent* dieser unregelmäßigen Verben wird mit dem gleichen Stamm gebildet, den du schon vom *futur simple* kennst (→ S. 44).

être → je **serais**
faire → je **ferais**

pouvoir → je **pourrais**
courir → je **courrais**

avoir → j'**aurais**
savoir → je **saurais**

venir → je **viendrais**
tenir → je **tiendrais**

voir → je **verrais**
envoyer → j'**enverrais**

devoir → je **devrais**
recevoir → je **recevrais**

aller → j'**irais**
vouloir → je **voudrais**

il faut → il **faudrait**
il pleut → il **pleuvrait**

infinitif	futur simple	conditionnel	futur simple	conditionnel
être	je ser**ai**	je ser**ais**	**-ai**	**-ais**
avoir	j'aur**ai**	j'aur**ais**	**-as**	**-ais**
parler	je parler**ai**	je parler**ais**	**-a**	**-ait**
mettre	je mettr**ai**	je mettr**ais**	**-ons**	**-ions**
voir	je verr**ai**	je verr**ais**	**-ez**	**-iez**
			-ont	**-aient**

📖 → S. 105/7a: Das *futur simple* wird mit dem gleichen Verbstamm gebildet. Die Verbendungen des *conditionnel* sind die gleichen wie die im *imparfait*.
📖 → S. 105/7b:
j'irais, tu irais, il irait, nous irions, vous iriez, ils iraient;
je devrais, tu devrais, il devrait, nous devrions, vous devriez, ils devraient;
je saurais, tu saurais, il saurait, nous saurions, vous sauriez, ils sauraient;
je voudrais, tu voudrais, il voudrait, nous voudrions, vous voudriez, ils voudraient.

Das *conditionnel présent* wird mit dem gleichen Stamm gebildet, den du schon vom *futur simple* kennst. Du kannst diese Formen also gemeinsam lernen.

Der Gebrauch

On pourrait organiser des vacances ensemble.
Je voudrais revenir à Marseille.
Pendant les vacances, **on serait** toujours dehors.
À ta place, **je** lui **demanderais** encore une fois.
Pourriez-vous m'aider, s'il vous plaît?

Mit Hilfe des *conditionnel présent* kannst du
– einen Vorschlag machen,
– einen Wunsch äußern,
– eine Vermutung äußern,
– einen Ratschlag geben,
– eine höfliche Bitte formulieren.

📖 → S. 105/8: Mit Hilfe des *conditionnel* kannst du einen Vorschlag, einen Wunsch, eine Vermutung, einen Ratschlag oder eine höfliche Frage/Bitte formulieren.

22.2 Die reflexiven Verben im passé composé
Les verbes pronominaux au passé composé

Das weißt du schon

Jens se **couche** tard.
Lea se **lève** tard.
Les garçons s'**amusent**.
Les filles se **disputent**.

Du kennst bereits reflexive Verben: Sie sind immer mit einem Pronomen verbunden. Dieses Reflexivpronomen steht immer direkt vor dem Verb.

Das ist neu

Jens s'est couché tard.
Lea s'est levée tard.
Les garçons se sont bien amusés.
Les filles se sont disputées.

Les garçons et les filles se sont amusés.

Reflexive Verben haben im *passé composé* das Hilfsverb *être*. Deshalb muss das Partizip in Genus und Numerus meistens dem Subjekt angeglichen werden. Im *passé composé* steht das Reflexivpronomen immer direkt vor dem Hilfsverb.

Bezieht sich ein Partizip zugleich auf männliche und weibliche Personen oder Sachen, benutzt du die maskuline Form des Partizips. Das kennst du schon von den Adjektiven und vom *passé composé* nicht reflexiver Verben mit *être* (z. B. *Paul et Lucie sont arrivés.*).

📖 → S. 105/5a: *arriver, aller, descendre, entrer, monter, partir, rentrer, rester, sortir, tomber, venir.*

📖 → S. 105/5b: Das Partizip wird wie ein Adjektiv nach Genus und Numerus an das Subjekt angeglichen:

	maskulin	feminin
Singular	–	*-e*
Plural	*-s*	*-es*

22.3 Die Angleichung des Partizips Perfekt nach dem Hilfsverb avoir
L'accord du participe passé après l'auxiliaire *avoir*

Das weißt du schon

Du hast gelernt, dass das Partizip Perfekt nach dem Hilfsverb *avoir* unveränderlich ist. Das gilt aber nur dann, wenn das direkte Objekt nach dem Verb steht.

	Verb	direktes Objekt
Tu as déjà	**lu**	son message?
J'ai	**rencontré**	ces garçons hier.
J'ai déjà	**vu**	ta photo.
Je n'ai pas encore	**essayé**	les olives.

Das ist neu

Steht das direkte Objekt aber **vor** dem Verb, so ist das Partizip auch nach *avoir* veränderlich. Du gleichst es in Genus und Numerus dem **direkten Objekt** an (nicht dem Subjekt!). Das direkte Objekt kann nur in drei Fällen vor dem Partizip stehen:
– als direktes Objektpronomen,

Sätze mit direktem Objektpronomen

		direktes Objekt	Verb
Tu as lu le message?	Oui, je	**l'**	ai lu.
Tu connais ces garçons?	Oui, je	**les**	ai rencontrés hier.
Tu as vu ma photo?	Oui, je	**l'**	ai déjà vue.
Tu as essayé les olives?	Non, je ne	**les**	ai pas essayées.

Relativsätze mit que

	direktes Objekt	Subjekt	Verb
Tu as lu le message	**que**	Jens	a écrit?
Voilà les gâteaux	**que**	j'	ai faits.
J'aime bien la salade	**que**	Mme Rozier	a faite.
Tu connais les chansons	**que**	Sarah	a écrites?

– als Relativpronomen *que*,

Fragesätze, die nach dem direkten Objekt fragen

direktes Objekt		Subjekt	Verb
Quel **livre**	est-ce que	tu	as emprunté?
Combien de **concerts**	est-ce qu'	ils	ont déjà donnés?
Quelles **langues**	est-ce qu'	il	a apprises?
Combien d'**olives**	est-ce qu'	elle	a mangées?

– in der Frage nach dem direkten Objekt (mit *quel* + Nomen oder *combien de* + Nomen).

→ S. 105/6a: Ein direktes Objekt kann 1. ein direktes Objektpronomen, 2. das Relativpronomen *que*, 3. in einer Frage *quel* + Nomen oder *combien de* + Nomen sein.

23 Die Einschränkung ne ... que
La restriction *ne ... que*

Il **ne** mange **que** du pain.
Elle **n'**a mangé **que** des olives.
Ils **ne** vont arriver **qu'**à huit heures du soir.
Elle **ne** peut venir **qu'**à dix heures.

Mit *ne ... que* kannst du eine Einschränkung ausdrücken. *Ne ... que* kann *nur* oder *erst* bedeuten. *Ne* steht immer vor der konjugierten Form des Verbs, *que* vor dem Satzteil, auf den sich die Einschränkung bezieht.

→ S. 104/3a: *Ne ... que* übersetzt du mit *nur* oder mit *erst*.
→ S. 104/3b: *Ne* steht vor der konjugierten Form des Verbs, *que* vor dem Satzteil, den du einschränken willst.

Seul Henri peut venir plus tôt.	Nur Henri kann früher kommen.
Il **ne fait que** rêver.	Er träumt nur. (= Er tut nichts anderes.)

⚠ Subjekte und Verben kannst du nicht mit *ne ... que* einschränken. Ein Subjekt schränkst du mit *seul* ein, ein Verb mit *ne faire que* + Infinitiv.

24 Die indirekte Rede in der Vergangenheit
Le discours indirect au passé

Das weißt du schon

direkte Rede in der Gegenwart	indirekte Rede in der Gegenwart
Lea dit:	Lea **dit que**,
«Jeudi, on **était** fatigués	jeudi, ils **étaient** fatigués
parce qu'on s'**était couchés**	parce qu'ils s'**étaient couchés**
trop tard.	trop tard,
Mais on s'**est** bien **amusés**	mais qu'ils se **sont** bien **amusés**
et Valentin **est** très sympa.»	et que Valentin **est** très sympa.

Du weißt schon, dass bei der indirekten Rede in der Gegenwart das Verb der Redeeinleitung im Präsens steht und dass die Verben der indirekten Rede in derselben Zeit stehen wie die Verben der direkten Rede.

Das ist neu

direkte Rede in der Vergangenheit	indirekte Rede in der Vergangenheit
Lea a raconté:	Lea **a raconté que**,
«Jeudi, on **était** fatigués	jeudi, ils **étaient fatigués**
parce qu'on s'**était couchés**	parce qu'ils s'**étaient couchés**
trop tard.	trop tard,
Mais on s'**est** bien **amusés**	mais qu'ils s'**étaient** bien **amusés**
et Valentin **est** très sympa.»	et que Valentin **était** très sympa.

In der indirekten Rede der **Vergangenheit** ist das anders: Das Verb der Redeeinleitung steht in der Vergangenheit, z. B. *il a dit que, elle pensait que*. Nach einem Verb der Redeeinleitung, das in der Vergangenheit steht, musst du das Tempus der Verben in der indirekten Rede in manchen Fällen verändern: *Présent* wird zu *imparfait*, *passé composé* wird zu *plus-que-parfait*.
Nur *imparfait* und *plus-que-parfait* bleiben unverändert.

Beachte bei der Umformung der Rede, dass du die Pronomen, Verben und die Begleiter der Nomen an die veränderte Perspektive anpassen musst.

direkte Rede:	indirekte Rede in der Vergangenheit:
imparfait	→ imparfait
plus-que-parfait	→ plus-que-parfait
présent	→ **imparfait**
passé composé	→ **plus-que-parfait**

→ S. 104/4: *Imparfait* und *plus-que-parfait* bleiben unverändert, aber *présent* wird zu *imparfait* und *passé composé* zu *plus-que-parfait*.

Grammatische Begriffe aus Unité 5	das Indefinitpronomen	le pronom indéfini
Le vocabulaire grammatical de l'unité 5	die Angleichung	l'accord
	das Konditional	le conditionnel
	das reflexive Verb	le verbe pronominal
	die indirekte Rede	le discours indirect
	die indirekte Rede in der Vergangenheit	le discours indirect au passé
	die Einschränkung	la restriction

AUF EINEN BLICK

Die Verbendungen

Du kennst jetzt schon folgende Verbendungen:

présent			imparfait	conditionnel	futur simple
-e	-s	-x	-ais	-ais	-ai
-es	-s	-x	-ais	-ais	-as
-e	-t/-d	-t	-ait	-ait	-a
	-ons		-ions	-ions	-ons
	-ez		-iez	-iez	-ez
	-ent		-aient	-aient	-ont

5

UNITÉ 6 Tous les chemins mènent à Paris

24 Das Pronomen
Le pronom

24.1 Die Stellung zweier Pronomen im Satz
La place de deux pronoms dans la phrase

Das weißt du schon

Il aime aller à Paris. → Il aime y aller.
Moussa est rentré de Paris. → Il en est rentré.
Il a montré ses photos à Alice. → Il les a montrées à Alice.
Alice a posé mille questions à Moussa. → Alice lui a posé mille questions.

Du weißt schon, dass du Verbergänzungen durch Pronomen ersetzen kannst (→ S. 10–12 und S. 25).

Das ist neu

Il montre ses photos à ses parents.
↓ ↓
Il les leur montre.

Hamadou donne le billet à Moussa.
↓ ↓
Hamadou le lui donne.

In einem Satz kannst du nicht nur eine Verbergänzung durch ein Pronomen ersetzen, sondern auch zwei. Im Französischen stehen beide Pronomen immer vor dem Verb.

Tu **me** donnes **le journal**? — Tu **me le** donnes?
Le monsieur **te** prête **son livre**. — Il **te le** prête.
Il **nous** raconte **son histoire**. — Il **nous la** raconte.
Ils **vous** offrent **leurs places**. — Ils **vous les** offrent.

Il montre **le journal à Moussa**. — Il **le lui** montre.
Elle passe **les bonbons aux garçons**. — Elle **les leur** passe.

Die Reihenfolge der Pronomen vor dem Verb ist festgelegt. Die indirekten Objektpronomen *me, te, nous, vous* stehen **vor** den direkten Objektpronomen *le, la, les* – das ist anders als im Deutschen.

Die indirekten Objektpronomen *lui, leur* stehen aber **hinter** den direkten Objektpronomen *le, la, les* – das ist genauso wie im Deutschen.

me / **te** / **nous** / **vous**	**le** / **la** / **les**	+ Verb	aber:	**le** / **la** / **les**	**lui** / **leur**	+ Verb

→ S. 126/4: *1. Le cahier? Je te le prête. 2. Les photos? Elle nous les montre. 3. Le journal? Je vous le donne. 4. Les places? Elle les leur offre.*

Il ne **nous** parle pas **de ses plans**. — Il ne **nous en** parle pas.
Il **y** avait beaucoup **de monde**. — Il **y en** avait beaucoup.
Je **les** ai rencontrés **dans le TGV**. — Je **les y** ai rencontrés.

Die Pronomen *y* und *en* stehen immer hinter allen anderen Objektpronomen. *En* steht zuletzt.

24.2 Das Fragepronomen lequel
Le pronom interrogatif *lequel*

Das weißt du schon

Quel CD est-ce que tu achètes?
Quelle chanson est-ce que tu préfères?

Du kennst schon den französischen Frage**begleiter** *quel*, der immer vor einem Nomen steht.

Das ist neu

Tu connais ce film?	**Lequel?**	Welchen?
J'ai lu ces livres.	**Lesquels?**	Welche?
J'aime bien cette histoire.	**Laquelle?**	Welche?
J'aime bien ses lunettes.	**Lesquelles?**	Welche?

Im Französischen gibt es auch ein Frage**pronomen**. Es ersetzt das Nomen, nach dem es fragt. Das Fragepronomen *lequel* gleichst du in Genus und Numerus dem Nomen an, das es ersetzt.

	masculin	féminin
singulier	lequel?	laquelle?
pluriel	lesquels?	lesquelles?

Das Fragepronomen wird aus einem bestimmten Artikel *(le, la, les)* und einer Form des Fragebegleiters *quel* zusammengesetzt.

Frage**begleiter**	Frage**pronomen**
quel CD?	**lequel?**
quelle casquette?	**laquelle?**
quels films?	**lesquels?**
quelles adresses?	**lesquelles?**

Unterscheide den Fragebegleiter *quel* und das Fragepronomen *lequel*.

On parle beaucoup des banlieues.	Desquelles? (parler de qn/qc)	Von welchen?
Ils s'intéressent beaucoup aux jeunes.	Auxquels? (s'intéresser à qn/qc)	Für welche?
Jens parle toujours de cette fille.	De laquelle? (parler de qn/qc)	Von welchem?
Tu as déjà répondu à ce message?	Auquel? (répondre à qn/qc)	Auf welche?

Das Fragepronomen *lequel* kannst du mit den Präpositionen *à* und *de* verwenden. *Lequel, lesquels* und *lesquelles* werden wie die bestimmten Artikel mit den Präpositionen *à* und *de* zusammengezogen (→ S. 8). Mit *laquelle* werden *à* und *de* nicht zusammengezogen.

à + lequel	= **auquel**	de + lequel	= **duquel**
à + lesquels	= **auxquels**	de + lesquels	= **desquels**
à + laquelle	= à laquelle	de + laquelle	= de laquelle
à + lesquelles	= **auxquelles**	de + lesquelles	= **desquelles**

25 Das Verb
Le verbe

25.1 Das unregelmäßige Verb construire
Le verbe irrégulier *construire*

	construire
je	construis
tu	construis
il	construit
nous	construisons
vous	construisez
ils	construisent
impératif	Construis. Construisons. Construisez.
passé composé	il a construit

Bei der Konjugation des unregelmäßigen Verbs *construire* musst du in den Pluralformen zwischen Stamm und Endung ein *-s-* einschieben. Das kennst du schon von der Konjugation von *lire*.

26 Standardsprache und Umgangssprache
Le français standard et le français familier

Diese beiden Sätze sagen dasselbe aus. Und doch würdest du sie nicht in jeder Gesprächssituation verwenden. Wie im Deutschen gibt es auch im Französischen unterschiedliche Sprachniveaus: das ***français familier*** und das ***français standard***.
Das *français familier* entspricht der Umgangssprache. Wie die Bezeichnung sagt, wird es in der Familie und unter Freunden verwendet. Viele Elemente des *français familier* kannst du nicht in schriftlichen Texten verwenden, außer du gibst eine direkte Rede wieder.
Das *français standard* entspricht der Hochsprache bzw. der Standardsprache. Es ist immer richtig und du kannst es schriftlich und mündlich verwenden.

le français standard	le français familier	Merkmale des *français familier*:
Elle **n'**est **pas** méchante.	Elle est **pas** méchante.	– Verneinung ohne *ne*
Je **n'**ai encore **rien** fait.	J'ai encore **rien** fait.	
Tu exagères.	**T'**exagères.	– *t'* statt *tu*
Il faut bien que tu travailles plus.	**Faut** bien que tu travailles plus.	– *faut* statt *il faut*
Demain, **il y a** une fête.	Demain, **y a** une fête.	– *y a* statt *il y a*
Cela marche bien.	**Ça** marche bien.	– *ça* statt *cela*
Nous pourrions y aller.	**On** pourrait y aller.	– *on* statt *nous*

Quand est-ce qu'il arrive?	Il arrive **quand**?	– Frage mit nachgestelltem Fragewort
Où est-ce que tu es allé?	T'es allé **où**?	
Comment est-ce que tu as fait?	T'as fait **comment**?	
Combien est-ce que cela coûte?	Ça coûte **combien**?	
Qu'est-ce que c'est?	C'est **quoi**?	– *quoi* statt *qu'est-ce que*
Ce sont mes amis.	**C'est** mes potes.	– *c'est* statt *ce sont*
Ce ne sont pas mes amis.	**C'est pas** mes potes.	– *c'est pas* statt *ce ne sont pas*
À plus tard!	**À plus**!	– Verkürzung von Wörtern und Ausdrücken
C'est la **catastrophe**!	C'est la **cata**!	
sympathique	**sympa**	
la bande dessinée	la **bédé**	
le baccalauréat	le **bac**	
la manifestation	la **manif**	
le professeur	le/la **prof**	
le/la professionnel/le	le/la **pro**	
Il a joué **très mal**.	Il a joué **comme un pied**.	– besondere Ausdrücke und Wörter
l'ami/e	le/la **pote**	
le travail	le **boulot**	
le petit garçon / la petite fille	le **gamin** / la **gamine**	
discuter, parler	**tchatcher**	
C'est **fatigant/pénible**. (= anstrengend)	C'est **la galère**.	
la femme, la fille	la **meuf**	– *le verlan* (s. dazu ***À plus!* 2 Méthode intensive**, S. 208)
les policiers	les **flics** / les **keufs**	

Grammatische Begriffe aus Unité 6 / **Le vocabulaire grammatical de l'unité 6**	das Fragepronomen	le pronom interrogatif
	der Fragebegleiter	le déterminant interrogatif
	die Standardsprache/Hochsprache	le français standard
	die Umgangssprache	le français familier

ANNEXE

27 Aussprache
La prononciation

27.1 Buchstaben und Laute
Les lettres et les sons

-e-: [ə], [e] oder [ɛ]?

	Schreibung		Aussprache
le, de, regarder	e	[ə]	wie in Kab**e**l
écouter, école	é	[e]	wie in S**ee**
mère, père	è	[ɛ]	wie in W**e**lt, **E**nte
être, rêver, fête	ê	[ɛ]	wie in W**e**lt, **E**nte

⚠ Zwischen *-è-* und *-ê-* gibt es keinen Unterschied in der Aussprache.

-c-: [k] oder [s]?

cadeau, collège, cuisine
c'est, centime, cerise, cinéma
français, ça, garçon

Vor *-a, -o, -u* wird *-c-* wie [k] gesprochen,
vor *-e, -i* wird *-c-* wie [s] gesprochen.
Soll ein *-c-* vor *-a* oder *-o* doch wie ein [s] gesprochen werden, erhält es eine *cédille*: *-ç-*.

-g-: [g] oder [ʒ]?

gare, gagner, goût
géo, âge, région, technologie
nous mangeons
nous rangeons
baguette, guitare

-g- wird vor *-a, -o, -u* wie [g] gesprochen,
-g- wird vor *-e* und *-i* wie [ʒ] gesprochen.
Soll ein *-g-* vor *-a* oder *-o* doch wie [ʒ] gesprochen werden, schreibt man *-ge-*.
Soll ein *-g-* vor *-e* oder *-i* doch [g] gesprochen werden, schreibt man *-gu-*.

-h-: *h- muet* oder *h- aspiré*?

Im Französischen gibt es zwei *h-*: das ***h- muet*** (stummes *h-*) und das ***h- aspiré*** (behauchtes *h-*).
Beide werden nicht ausgesprochen. Französische Wörter, die mit *h-* beginnen, werden so ausgesprochen, als würde das Wort mit dem folgenden Vokal beginnen: *habiter* [abite], *hôtel* [otɛl]. Trotzdem gibt es Unterschiede!

l'homme, l'heure
j'habite
mon‿histoire
cet‿homme
les‿hôtels, des‿hôtels

Ein *h- muet* (stummes *h-*) behandelst du wie einen Vokal:
Vor einem stummen *h-*
– apostrophierst du den bestimmten Artikel,
– apostrophierst du *je*,
– verwendest du vor femininen Nomen *mon* (nicht *ma*),
– verwendest du vor maskulinen Nomen *cet* (nicht *ce*).
– Und du bindest das *-s* von *les* und *des* mit dem Vokal
(→ S. 59, Die liaison).

le handball [ləɑ̃dbal]
le hockey (sur glace) [ləɔkɛ]
le héros [ləeʀo]

Ein *h- aspiré* behandelst du dagegen wie einen Konsonanten. Vor einem Nomen, das mit *h- aspiré* beginnt, verwendest du *le* und *la*, nicht *l'*.

27.2 Die liaison
La liaison

Um zu vermeiden, dass beim Aussprechen zwei Vokale zusammentreffen, wird im Französischen die *liaison* gemacht:
Der Endkonsonant eines Wortes, der sonst stumm ist, wird ausgesprochen und mit dem Anfangsvokal des folgenden Wortes gebunden. Häufig ist dieser Endkonsonant ein *-s*, das stimmhaft ausgesprochen wird: [z]. Aber auch andere Endkonsonanten werden in der *liaison* hörbar.
Wenn ein Wort mit einem *h- muet* (→ S. 58) beginnt, wird es so behandelt, als ob es mit einem Vokal beginnen würde *(un‿hôtel)*. Vor *h- aspiré* (→ S. 58) macht man keine *liaison*.

Im Folgenden findest du die häufigsten Fälle der *liaison*:

Begleiter + Nomen

les‿ordinateurs [lezɔʀdinatœʀ], des‿écoles [dezekɔl], un‿hôtel [ɛ̃notɛl], ces‿amies [sezami], mon‿ordinateur [mɔnɔʀdinatœʀ], mes‿affaires [mezafɛʀ], leurs‿enfants [lœrzɑ̃fɑ̃]

Adjektiv + Nomen

un petit‿ami [ɛ̃pətitami], un bon‿élève [ɛ̃bɔnelɛv], des beaux‿animaux [debozanimo], des bons‿élèves [debɔ̃zelɛv], des nouvelles‿armoires [denuvɛlzaʀmwaʀ]

Personalpronomen + Verb

on‿attend [ɔnatɑ̃], nous‿aimons [nuzɛmɔ̃], vous‿organisez [vuzɔʀganize], ils‿écoutent [ilzekut], elles‿embrassent [ɛlzɑ̃bʀas]

Objektpronomen + Verb

je vous‿entends [ʒəvuzɑ̃tɑ̃], il nous‿écoute [ilnuzekut], on les‿adore [ɔ̃lezadɔʀ]

Verb und Personalpronomen (in der Inversionsfrage)

Que fait-‿il? [kəfɛtil], Comprend-‿elle? [kɔ̃pʀɑ̃tɛl]

28 Die Konjugation der Verben
La conjugaison des verbes

28.1 Die Verben être und avoir
Les verbes *être* et *avoir*

	être		**avoir**
je	suis	j'	ai
tu	es	tu	as
il/elle/on	est	il/elle/on	a
nous	sommes	nous	avons
vous	êtes	vous	avez
ils/elles	sont	ils/elles	ont
impératif	Sois.	*impératif*	Aie.
	Soyons.		Ayons.
	Soyez.		Ayez.
participe passé	été	*participe passé*	eu

28.2 Die regelmäßigen Verben auf -er
Les verbes réguliers en *-er*

	parler
je	parle
tu	parles
il/elle/on	parle
nous	parlons
vous	parlez
ils/elles	parlent
impératif	Parle.
	Parlons.
	Parlez.
participe passé	parlé

⚠ Die folgenden Verben auf *-er* haben jeweils eine Besonderheit in der Schreibung, die du auch bei der Bildung des imparfait berücksichtigen musst:

	acheter		**manger**		**commencer**
j'	achète	je	mange	je	commence
tu	achètes	tu	manges	tu	commences
il/elle/on	achète	il/elle/on	mange	il/elle/on	commence
nous	achetons	nous	mangeons	nous	commençons
vous	achetez	vous	mangez	vous	commencez
ils/elles	achètent	ils/elles	mangent	ils/elles	commencent
impératif	Achète.	*impératif*	Mange.	*impératif*	Commence.
	Achetons.		Mangeons.		Commençons.
	Achetez.		Mangez.		Commencez.
participe passé	acheté	*participe passé*	mangé	*participe passé*	commencé
ebenso:	amener, emmener, geler, (se) lever	*ebenso:*	changer, corriger, déménager, déranger, échanger, encourager, (ê)s'engager, nager, neiger, ranger	*ebenso:*	avancer, lancer, recommencer, renoncer

	préférer		**payer**		**(ê)s'appeler**
je	préfère	je	paie	je	m'appelle
tu	préfères	tu	paies	tu	t'appelles
il/elle/on	préfère	il/elle/on	paie	il/elle/on	s'appelle
nous	préférons	nous	payons	nous	nous appelons
vous	préférez	vous	payez	vous	vous appelez
ils/elles	préfèrent	ils/elles	paient	ils/elles	s'appellent
impératif	Préfère.	*impératif*	Paie.	*impératif*	–
	Préférons.		Payons.		
	Préférez.		Payez.		
participe passé	préféré	*participe passé*	payé	*participe passé*	appelé
ebenso:	espérer, exagérer, régler, repérer, répéter	*ebenso:*	envoyer, essayer, nettoyer		

28.3 Die regelmäßigen Verben auf -dre
Les verbes réguliers en *-dre*

(er)warten

	attendre
j'	attends
tu	attends
il/elle/on	attend
nous	attendons
vous	attendez
ils/elles	attendent
impératif	Attends. Attendons. Attendez.
participe passé	attendu
ebenso:	(ê)descendre, entendre, fondre, perdre, rendre, répondre, tendre, vendre

28.4 Die Verben auf -ir (mit Stammerweiterung)
Les verbes en *-ir*

aussuchen

	choisir
je	choisis
tu	choisis
il/elle/on	choisit
nous	choisissons
vous	choisissez
ils/elles	choisissent
impératif	Choisis. Choisissons. Choisissez.
participe passé	choisi
ebenso:	applaudir, finir, réagir, réfléchir, réussir, rougir

28.5 Die unregelmäßigen Verben
Les verbes irréguliers

⚠ Die unregelmäßigen Verben sind in alphabetischer Reihenfolge aufgelistet.

infinitif	(ê) **aller**		**boire**		**connaître**	
présent	je	vais	je	bois	je	connais
	tu	vas	tu	bois	tu	connais
	il/elle/on	va	il/elle/on	boit	il/elle/on	connaît
	nous	allons	nous	buvons	nous	connaissons
	vous	allez	vous	buvez	vous	connaissez
	ils/elles	vont	ils/elles	boivent	ils/elles	connaissent
imparfait	j'	allais	je	buvais	je	connaissais
futur simple	j'	irai	je	boirai	je	connaîtrai
conditionnel	j'	irais	je	boirais	je	connaîtrais
impératif	Va. Allons. Allez.		Bois. Buvons. Buvez.		Connais. Connaissons. Connaissez.	
participe passé	allé/e		bu		connu	
					ebenso: paraître	

infinitif	**construire**		**courir**		**croire**	
présent	je	construis	je	cours	je	crois
	tu	construis	tu	cours	tu	crois
	il/elle/on	construit	il/elle/on	court	il/elle/on	croit
	nous	construisons	nous	courons	nous	croyons
	vous	construisez	vous	courez	vous	croyez
	ils/elles	construisent	ils/elles	courent	ils/elles	croient
imparfait	je	construisais	je	courais	je	croyais
futur simple	je	construirai	je	courrai	je	croirai
conditionnel	je	construirais	je	courrais	je	croirais
impératif	Construis. Construisons. Construisez.		Cours. Courons. Courez.		Crois. Croyons. Croyez.	
participe passé	construit		couru		cru	

infinitif	**devoir**		**dire**		**écrire**	
présent	je	dois	je	dis	j'	écris
	tu	dois	tu	dis	tu	écris
	il/elle/on	doit	il/elle/on	dit	il/elle/on	écrit
	nous	devons	nous	disons	nous	écrivons
	vous	devez	vous	**dites**	vous	écrivez
	ils/elles	doivent	ils/elles	disent	ils/elles	écrivent
imparfait	je	devais	je	disais	j'	écrivais
futur simple	je	devrai	je	dirai	j'	écrirai
conditionnel	je	devrais	je	dirais	j'	écrirais
impératif	*(selten verwendet)*		Dis. Disons. **Dites**.		Écris. Écrivez. Écrivons.	
participe passé	**dû**		dit		écrit	

infinitif	**envoyer**		**faire**		**falloir**	
présent	j'	envoie	je	fais		
	tu	envoies	tu	fais		
	il/elle/on	envoie	il/elle/on	fait	il	faut
	nous	envoyons	nous	faisons [fəzɔ̃]		
	vous	envoyez	vous	**faites**		
	ils/elles	envoient	ils/elles	font		
imparfait	j'	envoyais	je	faisais [fəzɛ]	il	fallait
futur simple	j'	enverrai	je	ferai	il	faudra
conditionnel	j'	enverrais	je	ferais	il	faudrait
impératif	Envoie. Envoyons. Envoyez.		Fais. Faisons. **Faites**.		*(kein Imperativ)*	
participe passé	envoyé		fait		fallu	

infinitif	**lire**		**mettre**		**offrir**	
présent	je	lis	je	mets	j'	offre
	tu	lis	tu	mets	tu	offres
	il/elle/on	lit	il/elle/on	met	il/elle/on	offre
	nous	lisons	nous	mettons	nous	offrons
	vous	lisez	vous	mettez	vous	offrez
	ils/elles	lisent	ils/elles	mettent	ils/elles	offrent
imparfait	je	lisais	je	mettais	j'	offrais
futur simple	je	lirai	je	mettrai	j'	offrirai
conditionnel	je	lirais	je	mettrais	j'	offrirais
impératif	Lis. Lisons. Lisez.		Mets. Mettons. Mettez.		Offre. Offrons. Offrez.	
participe passé	lu		mis		offert	
			ebenso: permettre, promettre		*ebenso:* découvrir, ouvrir	

infinitif	(ê)**partir**		**plaire**		**pleuvoir**	
présent	je	pars	je	plais		
	tu	pars	tu	plais		
	il/elle/on	part	il/elle/on	plaît	il	pleut
	nous	partons	nous	plaisons		
	vous	partez	vous	plaisez		
	ils/elles	partent	ils/elles	plaisent		
imparfait	je	partais	je	plaisais	il	pleuvait
futur simple	je	partirai	je	plairai	il	pleuvra
conditionnel	je	partirais	je	plairais	il	pleuvrait
impératif	Pars. Partons. Partez.		Plais. Plaisons. Plaisez.		*(kein Imperativ)*	
participe passé	parti/e		plu		plu	
	ebenso: dormir, sentir, (ê)se sentir, servir, (ê)sortir		*ebenso:* (ê)se taire			

nehmen

infinitif	**pouvoir**		**prendre**		**rire**	
présent	je	peux	je	prends	je	ris
	tu	peux	tu	prends	tu	ris
	il/elle/on	peut	il/elle/on	prend	il/elle/on	rit
	nous	pouvons	nous	prenons	nous	rions
	vous	pouvez	vous	prenez	vous	riez
	ils/elles	peuvent	ils/elles	prennent	ils/elles	rient
imparfait	je	pouvais	je	prenais	je	riais
futur simple	je	pourrai	je	prendrai	je	rirai
conditionnel	je	pourrais	je	prendrais	je	rirais
impératif	*(kein Imperativ)*		Prends. Prenons. Prenez.		Ris. Rions. Riez.	
participe passé	pu		pris		ri	
			ebenso: apprendre, comprendre			

infinitif	**savoir**		(ê)**venir**		**vivre**	
présent	je	sais	je	viens	je	vis
	tu	sais	tu	viens	tu	vis
	il/elle/on	sait	il/elle/on	vient	il/elle/on	vit
	nous	savons	nous	venons	nous	vivons
	vous	savez	vous	venez	vous	vivez
	ils/elles	savent	ils/elles	viennent	ils/elles	vivent
imparfait	je	savais	je	venais	je	vivais
futur simple	je	saurai	je	viendrai	je	vivrai
conditionnel	je	saurais	je	viendrais	je	vivrais
impératif	Sache. Sachons. Sachez.		Viens. Venons. Venez.		Vis. Vivons. Vivez.	
participe passé	su		venu/e		vécu	
			ebenso: (ê)devenir, (ê)revenir, (ê)se souvenir, tenir			

infinitif	**voir**		**vouloir**	
présent	je	vois	je	veux
	tu	vois	tu	veux
	il/elle/on	voit	il/elle/on	veut
	nous	voyons	nous	voulons
	vous	voyez	vous	voulez
	ils/elles	voient	ils/elles	veulent
imparfait	je	voyais	je	voulais
futur simple	je	verrai	je	voudrai
conditionnel	je	verrais	je	voudrais
impératif	Vois. Voyez. Voyons.		*(selten verwendet)*	
participe passé	vu		voulu	

tiens
tiens
tient
tenons
tenez
tiennent

halten

29 Die Verben und ihre Ergänzungen
Les verbes et leurs compléments

parler **à** qn	mit jdm sprechen
téléphoner **à** qn	jdn anrufen
demander (qc) **à** qn	jdn (etw.) fragen
poser une question **à** qn	jdm eine Frage stellen
répondre **à** qn	jdm antworten
écrire (qc) **à** qn	jdm (etw.) schreiben
dire qc **à** qn	jdm etw. sagen
expliquer qc **à** qn	jdm etw. erklären
donner qc **à** qn	jdm etw. geben
passer qc **à** qn	jdm etw. reichen
offrir qc **à** qn	jdm etw. anbieten/schenken
acheter qc **à** qn	jdm etw. kaufen
apporter qc **à** qn	jdm etw. (mit)bringen
emprunter qc **à** qn	jdm etw. ausleihen
s'intéresser **à** qn/qc	sich für jdn/etw. interessieren
arriver **à** qc	etw. schaffen
rêver **de** qn/qc	von jdm/etw. träumen
parler **de** qn/qc	über jdn/etw. sprechen
discuter **de** qn/qc	über jdn/etw. diskutieren
s'approcher **de** qn/qc	sich jdm/etw. nähern
avoir besoin **de** qn/qc	jdn/etw. brauchen
avoir peur **de** qn/qc	vor jdm/etw. Angst haben
avoir honte **de** qn/qc	sich für jdn/etw. schämen
avoir envie **de** qc	auf etw. Lust haben
aider qn	jdm helfen
attendre qn	auf jdn warten
attendre qc	etw. erwarten, mit etw. rechnen
croire qn/qc	jdm/etw. glauben
écouter qn/qc	jdm zuhören, auf jdn hören / etw. zuhören/anhören
applaudir qn	jdm applaudieren, jdm Beifall klatschen

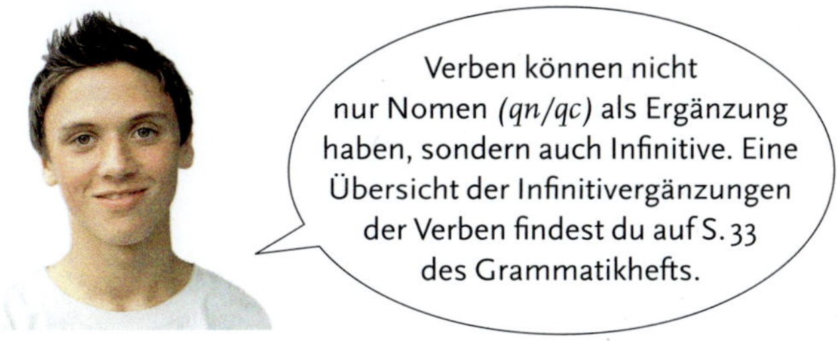

30 Die Verbendungen
Les terminaisons des verbes

indicatif présent			imparfait	conditionnel présent	futur simple
-e	-s	-x	-ais	-ais	-ai
-es	-s	-x	-ais	-ais	-as
-e	-t/-d	-t	-ait	-ait	-a
	-ons		-ions	-ions	-ons
	-ez		-iez	-iez	-ez
	-ent		-aient	-aient	-ont

Die Verbformen der 2. Person Singular enden immer auf *-s*.

Nur zwei Verben bilden dabei eine Ausnahme: *tu peux, tu veux.*

Die 2. Person Plural endet immer auf *-ez*.

Nur drei Verben bilden dabei eine Ausnahme: *vous êtes, vous faites, vous dites.*

31 Die Bildung der verschiedenen Verbformen
La formation des différentes formes du verbe

Die folgende Zusammenfassung zeigt, von welcher Verbform du andere Verbformen ableiten kannst.

vom Infinitiv	leitest du ab:	
finir	futur composé	je vais finir
	futur simple	je finirai
	conditionnel présent	je finirais

von den Präsensformen	leitest du ab:	
je finis	Imperativ Singular	Finis.
nous finissons	imparfait	je finissais
	Imperativ 1. Person Plural	Finissons.
vous finissez	Imperativ 2. Person Plural	Finissez.

Unregelmäßige Verben weichen häufig von diesem Schema ab.

32 Liste der grammatischen Begriffe
Liste des expressions grammaticales

In dieser Liste findest du alle Begriffe wieder, die in den Grammatikheften von ***À plus!* Méthode intensive**, Band **1** und **2** verwendet werden. Die Zahlen in Klammern geben dir die Abschnitte an, in denen du ausführliche Erklärungen zu den Begriffen findest. Suchst du einen Begriff, der aus einem Nomen und einem anderen Wort besteht, musst du unter dem Nomen nachsehen. Erklärungen zum bestimmten Artikel findest du also unter: Artikel, bestimmter.

Adjektiv
(un adjectif). Adjektive werden den Nomen, zu denen sie gehören, angeglichen. Die meisten französischen Adjektive stehen hinter dem Nomen, nur wenige stehen davor. (3, S. 13; 13, S. 35–37)

Adverb
(un adverbe), beschreibt Verben, Adjektive oder andere Adverbien näher: *Elle parle **vite***. Viele Adverbien kann man an der Endung *-ment* erkennen: *heureusement; vraiment.* (14, S. 37–38)

Akzent
(un accent). Im Französischen gibt es drei Akzente, die über einem Vokal stehen können: *é (accent aigu), è (accent grave), ê (accent circonflexe).* (27.1, S. 58)

Apostroph
(une apostrophe), zeigt an, dass an dieser Stelle ein Vokal ausgelassen wurde: *l'armoire; j'habite; c'est; elle m'écoute.*

Artikel, bestimmter
(un article défini). Im Französischen gibt es zwei bestimmte Artikel für den → Singular: *le* (→ maskulin) und *la* (→ feminin). Der bestimmte Artikel im → Plural ist *les*. Einen Artikel neutrum gibt es im Französischen nicht. (1.1, S. 7)

Artikel, unbestimmter
(un article indéfini). Im Französischen gibt es zwei unbestimmte Artikel im → Singular: *un* (→ maskulin) und *une* (→ feminin). *Un* und *une* haben eine gemeinsame Pluralform *(des)*, die es im Deutschen nicht gibt: *des livres / Bücher.* (1.4, S. 8)

Artikel, zusammengezogener
(un article contracté). Die → bestimmten Artikel *le* und *les* werden mit den → Präpositionen *à* und *de* zusammengezogen: *à + le = au; à + les = aux; de + le = du; de+ les = des.* (1.3, S. 8)

Aussagesatz
(la phrase déclarative). Die Wortstellung im Aussagesatz ist Subjekt – Verb – Objekt: *Elles écoutent un CD.* Ein französischer Aussagesatz wird mit fallender → Intonation gesprochen. (6, S. 19; 6.3, S. 20)

Bedingungssatz
(la proposition conditionnelle)
→ Bedingungssatz, realer

Bedingungssatz, realer
(la condition réelle), Satzgefüge, das aus Haupt- und Nebensatz besteht. Sagt aus, was geschehen wird, wenn eine bestimmte Bedingung erfüllt ist. Der Nebensatz, in dem die Bedingung ausgedrückt ist, wird mit der Konjunktion *si* eingeleitet. (19, S. 44–45)

Begleiter
(le déterminant), ein Wort, das → Nomen näher bestimmt. Es gibt verschiedene Begleiter: → bestimmter Artikel, → unbestimmter Artikel, → Possessivbegleiter, → Demonstrativbegleiter, → Fragebegleiter, der Begleiter *tout*.

conditionnel présent
(Konditional Präsens), Verbform. Das *conditionnel présent* wird verwendet, um höfliche Bitten, Fragen, Vorschläge oder Ratschläge zu formulieren: ***Pourriez**-vous m'aider?* Für das *conditionnel* gibt es im Deutschen keine Entsprechung. Es wird häufig mit dem deutschen Konjunktiv wiedergegeben. (22.1, S. 48–49)

Demonstrativbegleiter
(le déterminant démonstratif), weist auf eine bestimmte Person oder Sache hin: ***ce** livre / dieses Buch; **cette** maison / dieses Haus; **cet** élève / dieser Schüler; **ces** films / diese Filme.* (1.5, S. 8)

Endung
(la terminaison), Teil eines Wortes, der an dessen → Stamm angefügt wird: *les amis* (Endung *-s* für den Plural); *elle est grande* (Endung *-e* für die feminine Form). Bei Verben zeigt die Endung an, in welcher Person und welchem Tempus ein Verb verwendet wird: *nous regard**ons*** (1. Person Plural Präsens). (4.2, S. 15)

Ergänzung
(le complément), Satzteil, der eine Ergänzung zum Verb darstellt. Es gibt verschiedene Ergänzungen: → direktes Objekt, → indirektes Objekt, Ortsangabe, → Infinitivergänzung.

feminin
(féminin) → Genus

Frage/Fragesatz
(une interrogation). Es gibt mehrere Möglichkeiten, einen Fragesatz zu bilden: die → Intonationsfrage, die Frage mit *est-ce que*, die Frage mit → Fragewort und die → Inversionsfrage. (6.4, S. 21; 20, S. 45–46)

Fragebegleiter
(le déterminant interrogatif). Mit dem → Begleiter *quel* kannst du nähere Informationen zu einem → Nomen erfragen. *Quel* wird dem Nomen angeglichen, vor dem es steht: ***Quelle** maison? / Welches Haus?; **Quels** livres? / Welche Bücher?* (1.6, S. 9)

Frage, indirekte
(une interrogation indirecte). Indirekte Fragen leitest du mit einem Verb der Redeeinleitung (z. B. *demander, vouloir savoir*) und dem Fragewort der direkten Frage, der Konjunktion *si (ob)* oder *ce qui / ce que* ein. (6.5, S. 22)

Fragepronomen
(le pronom interrogatif). Mit den Fragepronomen *lequel?/laquelle?/lesquels?/lesquelles?* fragt man nach Personen oder Sachen. Im Unterschied zum Fragebegleiter stehen Fragepronomen alleine, d. h. ohne nachfolgendes Nomen: – *Tu as lu son livre?* – ***Lequel?*** (24.2, S. 55)

Fragewort
(le pronom interrogatif), Wort, das eine Frage einleitet, z. B. ***qui?****/wer?;* ***que?****/was?;* ***pourquoi?****/warum?;* ***quand?****/wann?* (6.4, S. 21)

français familier
(Umgangssprache). Das *français familier* wird in der Familie, im Freundeskreis und unter Jugendlichen verwendet. Es zeichnet sich durch Wörter, Formen und Verkürzungen aus, die vom → *français standard* abweichen und dort als falsch oder sehr nachlässige Sprechweise gelten. (26, S. 56–57)

français standard
(Standardsprache/Hochsprache). Das *français standard* wird im Gespräch mit Fremden und weniger vertrauten Erwachsenen sowie in der Schriftsprache verwendet und ist in jeder Situation richtig. (26, S. 56–57)

futur composé
(zusammengesetzte/s Zukunft/Futur), Tempus des Verbs, mit dessen Hilfe du ausdrücken kannst, dass eine Handlung in der Zukunft stattfinden wird. Es wird aus einer konjugierten Form des Verbs *aller* und dem → Infinitiv eines Verbs gebildet: *Je* ***vais aller*** *chez Sarah. / Ich werde zu Sarah gehen.* (4.5, S. 17)

futur simple
(einfaches Futur), Tempus des Verbs, mit dem du ausdrücken kannst, dass eine Handlung in der Zukunft stattfinden wird. Im Unterschied zum *futur composé* besteht das *futur simple* nur aus **einer** Verbform: *Demain, je* ***mangerai*** *à la cantine.* Das *futur simple* verwendest du auch im → realen Bedingungssatz. (18.3, S. 43–44)

Genus
(le genre). Im Französischen gibt es nur zwei Genera: Maskulinum und Femininum. Das Neutrum gibt es im Französischen nicht.

Hauptsatz
(la proposition principale), ein Satz, der mindestens aus einem → Subjekt und einem → Verb besteht: *Camille parle.* Hauptsätze können im Gegensatz zu → Nebensätzen alleine stehen.

Hilfsverb
(le verbe auxiliaire). Zur Bildung des → *passé composé* und des → *plus-que-parfait* gibt es im Französischen zwei Hilfsverben: *avoir* und *être*. *Il* ***a*** *parlé. / Er hat gesprochen.; Elle* ***était*** *allée. / Sie war gegangen.* Zur Bildung des → *futur composé* verwendest du das Hilfsverb *aller*. (4.1, S. 14)

imparfait
(Imperfekt), Tempus der Vergangenheit, das hauptsächlich verwendet wird zur Schilderung einer Situation, eines Zustands in der Vergangenheit und für Handlungen, die sich in der Vergangenheit wiederholt haben oder zur Gewohnheit geworden sind: *Il y* ***avait*** *du soleil.; Tous les matins, elle* ***faisait*** *du sport.* (9.3, S. 26–27; 11.2, S. 29–31)

Imperativ
(un impératif). Mit der Imperativform eines Verbs kannst du eine oder mehrere Personen auffordern, etwas zu tun oder etwas zu unterlassen: *Regarde.; Ne regarde pas.; Écoutez.* Der Imperativ wird auch häufig mit Pronomen verwendet: *Regarde-moi.* (18.2, S. 42–43)

Indefinitpronomen
(le pronom indéfini), unbestimmtes → Pronomen. *Quelque chose (etwas)* und *tout (alles)* stehen für nicht näher bestimmte Sachen: *J'ai vu* ***quelque chose****.; Elle a* ***tout*** *oublié.* Die Indefinitpronomen *tous/toutes* ersetzen den → Begleiter *tous/toutes* + Nomen: *Il a mangé toutes les olives.* – *Il les* ***a toutes*** *mangées.* (21, S. 47)

Infinitiv
(un infinitif), Grundform eines Verbs, die zu keiner Person gehört: *regarder; attendre; faire.* Infinitive stehen auch als Ergänzung nach anderen Verben. (→ Infinitivergänzung)

Infinitivergänzung
(le complément avec l'infinitif). → Infinitive können als Ergänzung nach Verben oder anderen Ausdrücken stehen. Dabei werden sie ohne Präposition oder mit der Präposition *à* oder *de* angeschlossen: *Il a oublié* ***de faire*** *les courses.; Elle a envie* ***de manger*** *une glace.* (11.4, S. 32–33)

Intonation
(une intonation), Satzmelodie: das Heben und Senken der Stimme im Satz. Durch die Intonation kannst du im Französischen einen → Aussagesatz von einem → Fragesatz unterscheiden. (6.4, S. 21)

Intonationsfrage
(une interrogation par intonation). Die Wortstellung in diesem → Fragesatz ist dieselbe wie in einem → Aussagesatz. Nur die → Intonation unterscheidet sich vom Aussagesatz: Die Stimme wird am Satzende gehoben. (6.4, S. 21)

Inversionsfrage
(une interrogation par inversion), Frage, in der das Subjekt nach dem Verb steht: ***Parlez-vous*** *français?; Que* ***fais-tu?*** (20, S. 45–46)

Komparativ
(le comparatif), Vergleichsform. Steigerungsform des Adjektivs *(Hugo est* ***plus grand que*** *son frère. / Hugo ist größer als sein Bruder.)* (13.2, S. 35) und des Adverbs *(Il court* ***plus vite que*** *son frère. / Er läuft schneller als sein Bruder.)*. (17.1, S. 41)

Konjugation
(la conjugaison), Anpassung eines → Verbs an das → Subjekt: *Elles* ***courent****.; Il* ***a*** *un chien.*

Konjunktion
(la conjonction), Wort, mit dem du zwei Satzteile *(Jia Li **et** Moussa)* oder Sätze *(Alice aime la musique **mais** elle déteste les maths.)* verbinden kannst.

Konsonant
(la consonne) b, c, d, f, g usw.

maskulin
(masculin) → Genus

Mengenangabe
(le quantifiant). Mengen können mit → Adverbien (z. B. *un peu de, beaucoup de*) und mit → Nomen (z. B. *un pot de, une bouteille de*) angegeben werden. Im Französischen verwendest du nach Mengenangaben *de: un kilo **de** farine / ein Kilo Mehl.* (1.8, S. 10)

Modalverb
(le verbe modal). Pouvoir, vouloir, savoir und *devoir* sind Modalverben. Nach Modalverben steht der → Infinitiv des folgenden Verbs ohne → Präposition: *Elle **veut** chanter. / Sie will singen.*

Nebensatz
(la proposition subordonnée), Satz, der von einem → Hauptsatz abhängig ist und nicht alleine stehen kann. Nebensätze werden von einer → Konjunktion oder einem → Relativpronomen eingeleitet (→ Relativsatz). (6.1, S. 19)

Negation
(la négation) → Verneinung

Nomen
(le nom), Wort, das eine Sache oder Person bezeichnet und meistens einen → Begleiter hat: *le **copain** / der Freund; ma **copine** / meine Freundin.*

Numerus
(le nombre) → Singular oder → Plural

Objekt, direktes
(le complément d'objet direct), eine Ergänzung, die ohne → Präposition direkt nach dem Verb steht: *Je range **ma chambre**.* (6.2, S. 20)

Objekt, indirektes
(le complément d'objet indirect), eine Ergänzung, die mit einer → Präposition *(à* oder *de)* an das Verb angeschlossen wird: *Il parle **de son prof**.; Elle demande **à sa mère**.* (6.2, S. 20; 9.4, S. 28)

Objektpronomen, direktes
(le pronom d'objet direct), → Pronomen, das ein → direktes Objekt ersetzt: *Il cherche **le CD**. – Il **le** cherche.* (2.1, S. 10)

Objektpronomen, indirektes
(le pronom d'objet indirect), → Pronomen, das ein → indirektes Objekt ersetzt: *Elle écrit **à ses parents**. – Elle **leur** écrit.* (2.1, S. 10)

Ordnungszahlen
(les nombres ordinaux) le premier / la première; le/la deuxième; le/la troisième usw.

Partizip Perfekt
(le participe passé), Form des → Verbs, die du zur Bildung des → *passé composé* und des → *plus-que-parfait* brauchst: *Il a **parlé**. / Er hat gesprochen.* Das Partizip wird nach dem Hilfsverb *être* dem Subjekt in Genus und Numerus angeglichen: *Elle est partie.; Ils sont partis.; Elles sont parties.* (4.4, S. 16)
Nach dem Hilfsverb *avoir* wird das Partizip in drei Fällen dem direkten Objekt angeglichen. (22.3, S. 50–51)

passé composé
(zusammengesetzte Vergangenheit), Tempus der Vergangenheit, das du aus der konjugierten Form eines → Hilfsverbs und einem → Partizip Perfekt bildest: *Il **a écouté**.; Elle **est tombée**.* (4.4, S. 16)

Personalpronomen
(le pronom personnel). Je, tu, il, elle, on, nous, vous, ils, elles verwendest du vor konjugierten Verbformen. (2.1, S. 10)

Personalpronomen, unverbundenes
(le pronom personnel disjoint). Moi, toi, lui, elle, nous, vous, eux, elles verwendest du alleinstehend, nach → Präpositionen und nach *c'est / ce sont: Hugo est rentré avec **eux**.; C'est **moi**.* (8.1, S. 24)

Plural
(le pluriel). Der Plural eines Wortes wird durch seine → Endung angezeigt. Bei → Nomen und → Adjektiven meistens mit *-s: la maison – les maisons; grand – grands*. Der Plural der → bestimmten Artikel *le* und *la* ist *les*, der Plural der → unbestimmten Artikel *un* und *une* ist *des*.

plus-que-parfait
(Plusquamperfekt), Tempus der Vergangenheit. Wird aus der → *imparfait*-Form eines → Hilfsverbs und einem → Partizip Perfekt gebildet. Das *plus-que-parfait* bezeichnet eine Handlung, die vor einer anderen, ebenfalls in der Vergangenheit liegenden Handlung stattgefunden hat: *Lundi, il était crevé parce qu'il **avait** beaucoup **travaillé** dimanche.* (11.3, S. 31–32)

Possessivbegleiter
(le déterminant possessif), gibt den Besitz oder die Zugehörigkeit an: ***ma** chambre / mein Zimmer; **notre** appartement / unsere Wohnung.* (1.7, S. 9)

Präposition
(la préposition), zeigt zeitliche, räumliche und andere Beziehungen zwischen Personen oder Sachen an: ***après** l'école / nach der Schule; **dans** la chambre / in dem Zimmer.* (5, S. 18–19)

Präsens
(le présent), Tempus des → Verbs: *Elle **chante**.*

Pronomen
(le pronom), Wort, mit dem du → Nomen oder Eigennamen ersetzen kannst. Es gibt verschiedene Pronomen: → Personalpronomen, → direkte Objektpronomen, → indirekte Objektpronomen, → Relativpronomen, → Fragepronomen, → Reflexivpronomen, → Indefinitpronomen.

Rede, direkte
(le discours direct), wörtliche Wiedergabe einer Äußerung. Die direkte Rede wird in Anführungszeichen gesetzt.

Rede, indirekte
(le discours indirect). Mit der indirekten Rede gibst du wieder, was eine an-

dere Person gesagt hat. Die indirekte Rede wird im Französischen immer mit der Konjunktion *que* eingeleitet. (6.5, S. 22) In der indirekten Rede der Vergangenheit steht das Verb der Redeeinleitung in der Vergangenheit. In diesem Falle müssen einige Tempora der direkten Rede in der indirekten Rede verändert werden: *Il **a dit**: «Je joue.»* → *Il **a dit** qu'il **jouait**.* (24, S. 52) (s. auch → Frage, indirekte)

Reflexivpronomen
(le pronom réfléchi), das → Pronomen beim → reflexiven Verb: *Elles **se** baladent.* (2.1, S. 10)

Relativpronomen
(le pronom relatif), bezieht sich auf Personen oder Sachen, über die etwas Genaueres ausgesagt werden soll: *Une chanson **qu'**elle aime.; Moussa, c'est mon copain **qui** joue de la batterie.* Ein Relativpronomen leitet einen → Relativsatz ein. (2.2, S. 11)

Relativsatz
(la proposition relative), → Nebensatz, der mit einem → Relativpronomen eingeleitet wird. (2.2, S. 11)

Satz
(la phrase), besteht mindestens aus → Subjekt und → Verb. Es gibt verschiedene Arten von Sätzen: → Hauptsatz, → Nebensatz, → Aussagesatz, → Fragesatz.

Singular
(le singulier). Singularformen gibt es bei → Nomen, → Verben, → Adjektiven, → Pronomen und → Begleitern.

Stamm
(le radical). Ein Verb besteht aus einem Stamm und einer → Endung: ***parl**-ons.* (4.2, S. 15)

Stammerweiterung
Verben mit Stammerweiterung haben im → Plural eine Besonderheit: An den → Stamm des Verbs wird *-iss-* angehängt, erst darauf folgt die Personalendung. *Choisir: nous choisissons; réagir: vous réagissez; réussir: ils réussissent.* Ebenso werden konjugiert: *applaudir, finir, réfléchir, rougir.* (11.1, S. 29)

Subjekt
(le sujet), der Teil eines Satzes, über den etwas ausgesagt wird: ***Alice** est sympa.* Nach dem Subjekt fragst du mit *Wer?* oder *Was?*.

Superlativ
(le superlatif), höchste Steigerungsform des Adjektivs *(Il est **le plus grand** de sa classe.)* (13.3, S. 36–37) und des Adverbs *(Il court **le plus vite**.)*. (17.2, S. 42)

Teilungsartikel
(un article partitif), ein Artikel, der eine unbestimmte Menge begleitet: ***de la** farine; **du** lait; **de l'**eau.* Der Teilungsartikel steht auch in anderen Ausdrücken: *faire **du** sport; faire **de la** natation.* (1.8, S. 10)

Verb
(le verbe). Verben bezeichnen Handlungen, Ereignisse, Zustände. Sie bestehen aus einem → Stamm und einer → Endung. Verben werden dem → Subjekt eines Satzes angeglichen.

Verb, reflexives
(le verbe pronominal), Verb, dessen Subjekt und Objekt ein und dieselbe Person sind: *Il **se lève**.* Das → *passé composé* der reflexiven Verben wird mit dem Hilfsverb *être* gebildet. (22.2, S. 49–50)

Verneinung
(la négation). Die französische Verneinung besteht aus zwei Teilen: *ne ... pas/plus/jamais/rien/personne/que.* Die Stellung von *ne ... rien/jamais* entspricht der von *ne ... pas/plus.* (16.1, S. 39) Die Verneinungen *rien/personne ne ...* sind Subjekt des Satzes. (16.2, S. 39) Mit der Verneinung *ne ... que* schränkst du Aussagen ein: *Elle **ne** mange **que** de la salade.* (23, S. 51)

Vokal
(la voyelle) a, e, i, o, u

Zukunft, zusammengesetzte
→ futur composé

Bildquellen

Fotos
© Cornelsen, Schulz, S. 3, S. 24, S. 25, S. 31, S. 34, S. 36, S. 49, S. 52, S. 55, S. 58, S. 65, S. 66, S. 67.

Illustrationen
© Bayard Jeunesse, Je bouquine, n° 274, décembre 2006, S. 27; Okapi, n° 748, novembre 2003, S. 44 – © Fleurus Presse, Le monde des ados, n° 158, février 2007, S. 39; Le monde des ados n° 169, août 2007, S. 51 – © Casterman, Tito, Les yeux de Leïla, S. 33; Tito, La briqueterie, S. 43.

Buchumschläge
© Éditions Thierry Magnier, Jean-Claude Mourlevat, L'homme qui ne possédait rien, S. 29; Mikaël Ollivier, Tu sais quoi?, S. 57.